历史的人格

九型人格深解历史人物

吴茂炎◎著

中国纺织出版社有限公司
国家一级出版社
全国百佳图书出版单位

内 容 提 要

本书严格依凭正史史料和经典文献，以耳熟能详的十五位历史人物为主要例子，结合他们延伸交集的人物与事件，应用九型人格，透过内在动机、欲望、恐惧、直觉类型、注意力焦点、心理防御机制等诸多角度，对人物的性格、心理、行为加以探索和解读，从而获取一种全新的历史视角，对一些悬疑提出更符合逻辑与情理的可能性探讨，同时把九型人格的知识体系有机糅合在跌宕生动的历史事件里，让历史爱好者和心理学爱好者获得更生动、更深度的感悟。

图书在版编目（CIP）数据

历史的人格 / 吴茂炎著. --北京：中国纺织出版社有限公司，2022. 1

ISBN 978-7-5180-9311-3

Ⅰ. ①历… Ⅱ. ①吴… Ⅲ. ①历史人物—人物研究—中国—古代 ②人格心理学—通俗读物 Ⅳ. ① K820.4 ②B848-49

中国版本图书馆CIP数据核字（2022）第015865号

责任编辑：段子君　　责任校对：高　涵　　责任印制：储志伟

中国纺织出版社有限公司出版发行

地址：北京市朝阳区百子湾东里 A407 号楼　邮政编码：100124

销售电话：010—67004422　传真：010—87155801

http://www.c-textilep.com

中国纺织出版社天猫旗舰店

官方微博 http://weibo.com/2119887771

北京通天印刷有限责任公司印刷　各地新华书店经销

2022 年 1 月第 1 版第 1 次印刷

开本：710 × 1000　1/16　印张：15.75

字数：194 千字　定价：58.00 元

自序

关于九型人格的源头

很多人以为九型人格源自欧美，这是误解。

九型人格是人类古老智慧之一，目前还没有找到九型人格符号体系的最初创建者或发现者——这有点像我国的洛书、河图。研究者们推测，九型人格早在公元前2500年就在亚洲两河流域的古巴比伦出现了。

人类的智慧，大多殊途同归。很多时候，出处并不是很重要。

不一定好看，但一定好用

说本书不好看，是按文学标准而言。本书不是文学作品，如果从纯文学角度来看，辞藻不够华丽，却存在太多不必要的头绪延伸。

但是，如果以让读者最大限度get到知识为目的，则这些延伸都是有益的。

说本书有用，是你很可能从这里看懂你的家人或客人、看懂你的领导或下属、看懂你的盟友或对手……乃至于看懂你自己！

平实无奇里的震撼颠覆

本书的取材毫不新奇。

本书的两大基石，一是历史，二是九型人格。

历史这边，主观的文学发挥被最大限度地戒断，所有人物的言行事迹，都必定有相关的史料记载。

如果说有主观发挥之处，也是当史料出现悬疑时，根据当事人的性格、当时的环境、基本常识逻辑，加以质疑、推理、甄别，提出新的观点。

九型人格这边，因为我一直主张化繁入简，所以知识脉络和专业用语，均援引自最普及的版本，且尽可能简明扼要。

历史与九型人格，都没有新奇的东西。

但以九型人格作为显微镜，去观察历史的深处，却带给我们全新的感受。

甚至偶尔的震撼与颠覆。

窄众，大众

九型人格比较窄众，尤其是严肃的、学术研究的九型人格。

如果此书只有九型人格的爱好者才可以阅读、才能享受阅读，那就没什么意义了。

把九型人格庸俗化，却又是我一贯抵制的。研究不深所致的客观庸俗化倒也罢了，如果主观蓄意庸俗化，则不啻于暴殄天物。

如何既兼顾九型人格研习者的启发感与获得感，又兼顾大众读者愉悦的阅读体验，这是一个问题。

这个问题还是得到了解决——全书的绝大部分都是鲜活的“故事”，不会让读者产生乏味感和违和感。九型人格的专业诠释所占比例极少。

关于人格类型的标准

“凭什么你说孔子是第一型就是第一型呀！我可觉得孔子是第五型呢！”

这个问题不是问题！

九型人格是开放性的。某人是第几型，有权威解读，但无标准答案。

还有就是九型人格是“中立”的。九个人格类型，没有优劣高下之分，与输赢成败也没有直接关系。说某人是某型，本身不存在褒贬成分。

比方说，你看到有人争论周文王的血型，究竟是A还是B……

关于称谓

本书中人物称谓，没有按照统一标准，而是考虑交流习惯与使用频率。

于是乎，老子不叫李耳，汉光武帝却要叫刘秀；宋徽宗不叫赵佶；乾隆既不叫清高宗也不叫爱新觉罗·弘历；岳飞不叫岳鹏举；王守仁却叫王阳明……

反正，同出而异名，无碍。

才学所限，客观上难免存在偏颇与纰漏，欢迎批评指正，不胜感谢！

吴茂炎

2020年12月7日

目录

一 第一型人格：玫瑰花

五百年前。

一位年轻的母亲指着玫瑰，对她的孩子说：“看呀！这刺的上面，竟然还能开出花儿！真好！”

孩子长大后，终其一生，都在呵护那些花儿。

五百年后。

一位年轻的母亲指着玫瑰，对她的孩子说：“你看！好好的花的下面，竟然藏着刺！真讨厌！”

孩子长大后，终其一生，都在拔那些刺。

按：

孔子生于公元前 551 年，王莽生于公元前 45 年。故有五百年之说。

每一型人格的破题小节均为纯虚构文字，无关史实，余不遍注。

孔子

曾参锄草，一不小心把瓜的根给锄断了。其父曾皙非常生气，抡起拐杖，兜头就是一下。

曾皙跟儿子曾参，都是孔子的学生。

曾参被打晕，醒转爬起来，第一件事是先致谢父亲的教训，然后转身回屋弹琴唱曲，声音很大——要让父亲听到，好确信自己既没有受伤，也没有怨恨的情绪，免得父亲感到不安。

曾参真不愧是大孝子。

但是，这父子俩共同的老师——孔子，却不这么看。

孔子听闻这件事，没有指责施暴者曾皙，反倒是对被施暴的曾参很不客气。

孔子交代门人："参来勿内也！"曾参觉得不理解，托人问孔子。孔子以舜为例子——舜的父亲瞽叟是盲人，舜侍奉父亲，但凡父亲有所支使，舜都必定在身边，一叫就应；而但凡父亲起心动念，想要杀掉舜时，舜就必定踪影全无。"小棰则待，大棰则走，以逃暴怒也。今子委身以待暴怒，立体而不去，杀身以陷父不义，不孝孰是大乎？"（《说苑·建本》）

在正常的情况下，父母对儿女最大的支持，就是保养好自己的身体；而子女对父母最大的孝顺，就是爱护好自己的生命。

孔子认为：不懂自保，既是不孝，也是不智。

在意自保，会不会走向贪生怕死、胆小如鼠的另一个极端呢？

孔子只是不认同那种糊里糊涂的死伤，拒绝毫无意义的损耗与牺牲。

"以直报怨，以德报德"里的"直"，就是"不屈"与"不曲"。通常情况下，想要"直"，就免不了斗争、冲突、危险，乃至牺牲的可能性。

学生问孔子，对于杀父或杀母之仇，该当如何？《礼记·檀弓上》：

子夏问于孔子曰："居父母之仇如之何？"夫子曰："寝苫枕干，不仕，弗与共天下也；遇诸市朝，不反兵而斗。"

孔子认为，对于杀害父母的仇人，应该睡草苫，枕盾牌，以时刻不忘报仇；有官也不当，免得跟仇人一起服务国君，变成同事。在任何地方、任何时候遇到仇人，立马冲上去，哪怕赤手空拳，也要血战到底，而不是说回家取了兵器再来。

这些硬气的言辞，是不是仅仅是“论”与“语”呢？

孔子一生，不是没遇过大风大浪。好几次都是危难当前，依然泰然自若。比如鲁定公十年时的齐鲁祝其（夹谷）会盟。孔子陪同鲁定公前往会盟。齐国的犁弥很有代表性地以为，孔子博学知礼必定就勇武不济，建议齐景公让当地武装把鲁定公拿下，岂不是想要什么就什么了。

齐景公也贪心，现场真的就这么干了。

想不到孔子处变不惊，直接护着鲁定公退回，同时组织力量抵抗，并且朗声喊话，指挥战斗。

话是喊给齐景公听：“士，兵之！两君合好，而裔夷之俘以兵乱之，非齐君所以命诸侯也。裔不谋夏，夷不乱华，俘不干盟，兵不逼好。于神为不祥，于德为愆义，于人为失礼，君必不然。”（《左传·定公十年》）

孔子勇于战，同时不忘机智地对齐景公既恐吓又戴高帽。齐景公听了，果然赶紧喊停，让土著们退下。

会盟正常举行，签订盟约，孔子为鲁国争得尽可能对等的权益，维护了鲁国应有的尊严。

很玄的一件事，在孔子智勇操持之下，安全运转。

这原本已经很好。但是《孔子家语》却来了个画蛇添足：

有顷，齐奏宫中之乐，俳优侏儒戏于前。孔子趋进历阶而上，不尽一等，曰：“匹夫荧侮诸侯者，罪应诛，请右司马速刑焉。”于是斩侏儒，手足异处。齐侯惧，有惭色。

据说是孔子后人原著的《孔子家语》，本意可能是想添加这个情节，加倍凸显老祖宗威风八面、大杀四方的光辉形象。殊不知！却给孔子背上了一口黑锅：滥杀无辜。而且，杀的还是残疾人！

但这真实性有问题。

首先是不符合孔子性格与主张。孔子非常反对攻伐杀戮。《论语·颜渊》：

季康子问政于孔子曰：“如杀无道，以就有道，何如？”孔子对曰：“子为政，焉用杀？子欲善而民善矣。君子之德风，小人之德草，草上之风，必偃。”

何况这些是可怜无辜的残疾人，不是无道恶贼。

孔子一直主张仁，而且历来对残疾人都非常同情照顾，所以，怎么可能犯这种原则性错误?

其次是不符合礼，也就是不合规矩。俳优侏儒是齐景公的人，除了齐景公，谁都没有处置权。谁处置了就是僭越。孔子作为第一型人格，行为的最基本动机就是要符合规矩，潜在的核心恐惧是越过（破坏）规矩，怎么可能犯这种明显的错误?

最后，也是最现实的，不符合利！当时齐强鲁弱，孔子就是机敏地占据道义的制高点，把齐国挤兑到不能依托武力而有所作为的境地。齐国很想干点什么，苦于没有抓手。孔子如果杀俳优侏儒，那道义的阵地立马逆转，鲁国将陷于极为被动的局面。智慧如孔子，怎么可能犯这么低级的错误?

杀俳优侏儒的事，《左传》《论语》《国语》之类都没有记载，但《史记》里有，应该是取材于《孔子家语》。但如果《孔子家语》真是三国时王肃伪作，则反之。

不管怎么说，相对而言，《左传》所记载的，最接近源头，自然更接近真实。

《孔子家语》给孔子背的黑锅，还有更大、更沉，也更黑的——孔子杀少正卯！

孔子杀了知名人士，子贡质疑，孔子洋洋洒洒，列举了五种可诛之大恶，身犯一种，君子即可诛之；少正卯五恶兼具，所以必诛。

后世又加上一个“三盈三虚”，孔子杀少正卯变成了嫉贤妒能加公报私仇，黑锅更是无比厚重了。

“三盈三虚”是这样的：少正卯的学术智慧远在孔子之上。两人同时讲学，孔子的课堂很快空荡荡——“虚”了，原来学生都往少正卯那边跑，那边人满为患——“盈”了。连续三次都是这样。孔子气得要命又无计可施。所以一旦有了权力，第一件事就是杀了少正卯。

孔子诛少正卯最早见于记载，并非《孔子家语》，而是《荀子·宥坐》，《孔子家语》把毒丸当宝贝拣了进来。司马迁这次估计是察觉到了蹊跷，没有取用，所以《史记》中就没有记载。

从孔子可能诛少正卯的时间，到《荀子·宥坐》书成，将近有两百年。

孔子死于公元前479年，荀子生于公元前313年，而《荀子·宥坐》至少要在荀子20岁后写成，孔子诛少正卯是在任大司寇时，应该在60岁前。

有文章说诛杀少正卯最早记载在《尹文子·大道下》，这明显谬误：尹文生于公元前360年，比荀子足足晚了一个代际。

在孔子到荀子的两百余年里，《论语》《左传》《礼记》《孟子》《庄子》《墨子》《国语》《战国策》……对于“诛少正卯”这一大事件，统统不见只言片语！

不管是挺孔还是非孔，对于孔子为主角的这么重大的事迹，竟然不约而同地疏漏，而且疏漏得如此干净？挺孔派，既然是正义除奸，当然要浓墨重彩以发扬光大，何必隐讳；而非孔派，这嫉贤妒能公报私仇，是何等难得的抓手和素材，不添油加醋地加以利用攻击，简直是暴殄天物！

而且，在那个时代，记录历史的太史，是崇高神圣的职业，一般都是世代家传。太史如实记录，什么权贵都没用，杀他们也没用。是真的做到治史高于生命。《左传·定公十年》记载，当时，崔杼杀了齐庄公——

大史书曰：“崔杼弑其君。”崔子杀之。其弟嗣书而死者，二人。其弟又书，乃舍之。南史氏闻大史尽死，执简以往。闻既书矣，乃还。

杀也没用，太史不畏死，还是照实写。崔杼没奈何，只好妥协——不妥协也不行啊，更多的太史自带竹简在赶来的路上……

由此可见，在那时候，你想把你做出的事藏起来，是多么不容易啊。

再说，古人历来有杀其人而不废其言的惯例。很多人被杀，作品、学说、思想却都流传了下来。孔子这样的水平，已被视为天人，既然少正卯比孔子还高，何以没有一个字的思想或理念流传下来呢?《论语》《左传》其实都挺八卦的，各国各色不怎么显赫的小人物的事迹言行，都可以在上面看到，为什么关于少正卯的一个字也没有呢?

孔子这个水平，忠实追随的学生门人就这么多了。既然少正卯比孔子水平还高，“三盈三虚”，他的学生门人又哪儿去了?

少正卯如果真是冤死，他的家人或者学生就这么默然无为了？在古代，寻仇报仇是天经地义之事。以孔子常年基本处于不设防状态，怎会什么事都没有?

孔子核心思想与主张就是“仁”，尽可能“不杀”。滥杀，而且是公报私仇嫉贤妒地滥杀，这行径正好跟仁是反的，孔子岂不是自己拆了自己的台？而他的那些学生，都有独立思想、能够判断是非，而且不少当时也有了一定的社会地位和身份，他们对于孔子不盲从，该质疑就质疑，该责备就责备。假设孔子真的自我矛盾、人设崩塌，这些人还可能继续追随孔子、终其一生事之以师礼吗?

不按照规矩，不走规范流程，凭借自己主观认知而随意地杀人，根本不符合孔子的性格。

常理与逻辑均无法解释得通的事，基本可以判定为不存在!

孔子是一个好老师!“万世师表”的确是对孔子最贴切的赞誉。

孔子不仅是学生的理想老师，更是老师们的理想老师！孔子作为师者的诸多品行中，最难得的是孔子的自我祛魅。

正是由于他的自我祛魅，学生们才得以无损接收他的真、直，以及平等心。

自我祛魅的孔子表现出不少凡俗之人的缺点，他用这些缺点行不言之教：“看！老师也是平凡之人。你们只要用心学习与践行，就完全可以跟老师一样，甚至超越老师！”——这对于学生养成独立思考人格，成就善良正直品行、形成开放生动的学术氛围，非常重要。

孔子如果表现完美无缺，跟天神一样，那么，对于他的学生们的自信心，应该是灾难性的。

从孔子的自我祛魅，反观如今，一些成功学讲师，不仅不自我祛魅，而是反其道行之，使用各种“术”，自我造神，对学生进行魅惑——即精神控制。

孔子自我祛魅的真、直、平等心与平常心，打开《论语》，俯拾皆是。

孔子从不讳言学生比自己强。《论语·公冶长》：

子谓子贡曰：“女与回也孰愈？”对曰：“赐也何敢望回？回也闻一以知十，赐也闻一以知二。”子曰：“弗如也，吾与女弗如也！”

学生不高兴，孔子赶紧赌咒发誓，平等心，没有以老师特权自恃。《论语·雍也》：

子见南子，子路不说，夫子矢之曰：“予所否者，天厌之！天厌之！”

自我祛魅“我不是天才。我也是靠学习成长的”。《论语·述而》：

子曰：“我非生而知之者，好古，敏以求之者也。”

对于自己贫寒的过往不遮掩，真实而不虚荣。《论语·子罕》：

太宰问于子贡曰：“夫子圣者与，何其多能也？”子贡曰：“固天纵之将圣，又多能也。”子闻之，曰：“太宰知我乎？吾少也贱，故多能鄙事。君子多乎哉？不多也。”

自我祛魅“我并非天才，我也走过弯路，但最终也只能是学习”。《论语·卫灵公》：

子曰：“吾尝终日不食、终夜不寝以思，无益，不如学也。”

鼓励学生不要迷信老师，而要努力超越老师——

子曰：“当仁，不让于师。”

学习是快乐的事，没有那么死板。可以玩玩游戏，下下围棋。《论语·阳货》：

子曰：“饱食终日，无所用心，难矣哉！不有博弈者乎？为之犹贤乎已。”

对于学生指出自己的不是，孔子马上认真承认，谦虚与平等心——

子之武城，闻弦歌之声。夫子莞尔而笑，曰：“割鸡焉用牛刀？”子游对曰：“昔者偃也闻诸夫子曰：‘君子学道则爱人，小人学道则易使也。’”子曰：“二三子，偃之言是也！前言戏之耳。”

……

现在可以看看孔子的人格类型。

大家可能会说，孔子通达、宽容、幽默、自嘲、爱说笑、爱唱歌、情感丰富、偶尔还八卦……这貌似不是第一型人格呀？

判断一个人是几型人格，通常两大角度——外在言行、内在动机。

外在言行，如果在现实中，则包含服饰、表情、眼神、语气、语速、口头禅、肢体语言等多种直观元素，但历史人物就不太可能有这些。往往就只能是相对简单的言行记载。

外在言行为辅，内在动机为主。

同样一个行为，其背后的动机可能各不同。比如说，帮助一个颤巍巍的老奶奶过马路，第八型人格是觉得老奶奶是弱小者，要加以保护；第二型人格觉得老奶奶需要帮助；第三型人格觉得帮助老奶奶的人是高贵的人……而第一型人格觉得这是做人的标准，是规矩，这么做才是对的，不这么做就是不对的。

而同一种动机，可能会导致截然相反的不同行为。最为典型的，是第六型人格——危险突发，惊慌失措逃得最快的，是第六型；把生死置之度外，镇定自若主动迎击的，也是第六型。

他们的核心动机都一样，都是需要安全。只不过前者通过快速逃离危险来获取安全，后者则通过先发制人的主动攻击来获取安全。

所以，判断一个人是几号人格类型，最终要以其内在动机作为评判标准。

前面说的，孔子的通达、宽容，那是孔子对于他人的风格，我们称之为一个自然人的“社会化”特质，也就是精神分析学派所说的“超我”。

但真正的孔子自己呢？

《论语·乡党》里出现频率最高、高得离谱的一个字是：必！

当暑袗絺绤，必表而出之。

缁衣羔裘，素衣麑裘，黄衣狐裘。亵裘长，短右袂。

必有寝衣，长一身有半。

非帷裳，必杀之。

吉月，必朝服而朝。

齐，必有明衣，布。齐必变食，居必迁坐。

食不厌精，脍不厌细。食饐而餲，鱼馁而肉败，不食；色恶，不食；臭恶，不食；失饪，不食；不时，不食；割不正，不食；不得其酱，不食。肉虽多，不使胜食气。唯酒无量，不及乱。沽酒市脯，不食。不撤姜食，不多食。

虽疏食菜羹，必祭，必齐如也。

君赐食，必正席先尝之；君赐腥，必熟而荐之；君赐生，必畜之。侍食于君，君祭，先饭。

见齐衰者，虽狎，必变。见冕者与瞽者，虽亵，必以貌。凶服者式之，式负版者。

有盛馔，必变色而作。迅雷风烈，必变。

升车，必正立，执绥。车中不内顾，不疾言，不亲指……

一些斋戒、祭典、政事，以及对于国君、卿大夫、宾客的礼节性规矩，倒也就罢了！但那些原本无关紧要的个人生活细节，还要强迫症一样偏执，就实在令人受不了。

——无处不在的严格的标准！

以上说的是孔子的外在言行，接下来分析他的内在核心动机——这才是主要的。

对于古人的核心动机的分析，主要是看他的主张、理念、思想，以及治学或治国的风格偏好。

孔子学说的中心思想是“仁”，这是孔子为人类提取的“公约数”，也可以理解为社会化的孔子的最大结果。这个结果是开放式的，你可以在因的层面上选择不同的路径，来获得这个果。

孔子自己选择的路径，是“礼”。

“礼”，就是规范、规则、规矩。“礼”通常与“法”联用为“礼法”。“礼”是非强制性的“法”，“法”则是强制性的“礼”。

规范、规则、规矩就是孔子的内在核心动机。

孔子认为礼非常重要，没有礼，一切就都不成样。《礼记·仲尼燕居》这一段，把孔子的观点表露无遗：

子曰：“礼者何也？即事之治也。君子有其事，必有其治。治国而无礼，譬犹瞽之无相与？伥伥其何之？譬如终夜有求于幽室之中，非烛何见？若无礼，则手足无所错，耳目无所加，进退揖让无所制。是故，以之居处，长幼失其别；闺门三族失其和；朝廷官爵失其序；田猎戎事失其策；军旅武功失其制；宫室失其度；量鼎失其象；味失其时；乐失其节；车失其式；鬼神失其飨；丧纪失其哀；辩说失其党；官失其体；政事失其施；加于身而错于前，凡众之动失其宜。如此，则无以祖洽于众也。”

孔子认为，如果没有礼，其结果将是灾难性的！没有一个领域可以幸免——连鬼神都在劫难逃！

综合来看，孔子是第一型人格的可能性，是最大的。

孔子是第一型，但第一型不是孔子。

“我是某型，但某型不是我！”这是“九型人格”学习中很重要的一块“警示牌”，记住这句话，可以避开“九型人格”学习与应用之中最容易掉进去的大坑——呆板地学，机械地用，或徒劳“洗地”，或强行“栽赃”。

想必大家在看到各种“必”之前，应该会觉得，孔子与“经典的教科书式”的第一型，中文别称“完美主义者”，有点大相径庭。

第一型人格的成长方向是第七型。高度成长的第一型，在保有第一型的认真、严谨、规矩、高道德标准的同时，会具有第七型的生动、快乐、弹性。

当然，主要还是在于孔子作为自然人个体，具有健康的人格。

这也暗合于儒家的“内圣”之说，内圣，指的就是人格的完美。

对于孔子的出身，司马迁在《史记·孔子世家》里是这样写的：

孔子生鲁昌平乡陬邑。其先宋人也，曰孔防叔。防叔生伯夏，伯夏生叔梁纥。纥与颜氏女野合而生孔子，祷于尼丘得孔子。鲁襄公二十二年而孔子生。生而首上圩顶，故因名曰丘云。字仲尼，姓孔氏。

太史公的这一记述，很多人对于“野合”本能地按现代汉语习惯，望文生义了。专业人士虽不至于落入恶俗陷阱，但也是争议纷纷，对于“野合”之义，居然有七八种解读。什么不合礼制说、老夫少妻说、走婚说、偶婚说……争议纷纷，没有定论。

直到2015年，海昏侯墓出土了许多精美的文物，其中有一件文物极其独特，即孔子衣镜。

孔子衣镜上共有文字1850个，跟孔子有关的文字多达600多个。

其中提到孔子的出生时，不是《史记》中的“野合而生”，而是“野居而生”。

“野合”和“野居”，虽然只有一字之差，但是意思却有天壤之别。

孔子三岁时，叔梁纥就去世了。然后母子俩就被叔梁纥的正妻赶出家门。

颜徵在抚育孔子，到她撒手人寰时，孔子十七岁，能文、能武、也能谋生。

从孔子的言行性格，可以推想出，他的母亲不怨天，不尤人，一直用善良、正直、爱、宽容、快乐……熏陶着孔子。

孔子母亲之丧，引出了孔子又一口疑似的“锅”——

推崇“礼”，最在乎规范标准的第一型人格孔子，在为母亲服丧期间，前往季氏家赴宴，被阳虎所拒。

于是就有观点认为孔子不孝、虚伪、钻营……甚至于“蹭饭”之说。

大部分指责的依凭，源于《史记·孔子世家》：

孔子要绖，季氏飨士，孔子与往。阳虎绌曰：“季氏飨士，非敢飨子也。”孔子由是退。

《孔子家语·曲礼公西赤问》的记载则与《史记》大不同：

孔子有母之丧，既练，阳虎吊焉，私于孔子曰："今季氏将大飨境内之士，子闻诸？"孔子曰："丘弗闻也。若闻之，虽在衰绖，亦欲与往。"阳虎曰："子谓不然乎？季氏飨士，不及子也。"阳虎出，曾参问曰："语之何谓也？"孔子曰："已则丧服，犹应其言，示所以不非也。"

《孔子家语》没有说孔子前往赴宴被拒，而是说阳虎来孔子家里吊问，故意拿"季氏飨士"戏弄孔子。孔子傻傻中招，却又告诉曾参，自己迎合是表示对阳虎无礼的宽容。

《孔子家语》显然有问题，同时不符合孔子与阳虎二人的性格模式，也不符合当时几个当事人的地位与年龄。

孔子真这样，那就是"佞"！作为第一型人格的孔子，虽然通达宽容，但对于"佞"，还是非常反感的，他一生的言行与际遇，也可以佐证这一点。

而阳虎则极大概率是个第三型人格，现实、务实、能干、有野心，当时已经是鲁国第一实力派人物，十七岁的孔子则还是"贫而贱"，年纪又小，阳虎怎么可能登门吊问并且"私于孔子曰"？

更为奇葩的事在最后——孔子十七岁，孔母卒，同年"季氏飨士"，这一年为公元前 535 年。而曾参则需要再过三十年，即公元前 505 年方才出生——"曾参问曰"，却又从何说起？

《孔子家语》的客观可信度再一次被反证。

对于《史记》原文，后世学者也有不同见解。唐司马贞《史记索隐》认为"今此谓孔子实要绖与飨，为阳虎所绌，亦近诬矣"；唐张守节《史记正义》则云"（季氏飨士，孔子与往）'与'音预，季氏为馔饮鲁文学之士，孔子与迎而往，阳虎以孔子少，故折之也"。

张守节的推测，应该最接近客观：季氏飨士，不是简单宴请，而是"馔饮鲁文学之士"，即文化学术主题聚会，到会的都是鲁国文化学术名家。孔子是"与迎而往"，是应邀或应征前往，并非自己冒失。少年孔子好学求知，学习过程中难免有疑惑，迫切想找学者请教交流，如此机会难得，虽为母服丧，自然不愿错过。

如果是这样，那就与《礼记·檀弓下》里孔子包容原壤爬上其母棺椁唱歌，并以“亲者毋失其为亲也，故者毋失其为故也”回应弟子的质疑与不满，完全契合了。孔子认为出于好学求知而前去参会，母亲是不会责怪自己的。这也是孔子第一型人格成长性的体现，具备了成长方向第七型的弹性、变通等优点，是为“大礼不拘小节”。

而阳虎觉得孔子年龄太小，且又贫贱，还戴着孝，所以阻止孔子入内，这也完全符合阳虎的第三型人格行为模式，以及阳虎当时的岗位职责。

王莽

公元前492年，孔子从卫往陈，途经宋国，与弟子们在大树下演习周礼。宋国司马桓魋想杀掉孔子，带兵砍倒大树。孔子于是离去，弟子催他快跑，孔子淡定自若，说："天生德于予，桓魋其如予何？"（《论语·述而》）

公元23年，汉军攻陷长安，攻进王莽皇宫。四处火起，太监宫女哭喊"怎么办？"王莽正装朝服，一手拎玉玺，一手持传说中舜帝匕首，让负责天文星相的官员计算好北斗方位，席地而坐，淡定自若，说："天生德于予，汉兵其如予何！"（《汉书·王莽传》）

两句话高度雷同，但两个人的结局却截然不同——孔子这么说，果真安然无恙；而王莽这么说，不一会儿就被汉军砍了头。

周公恐惧流言日，王莽谦恭未篡时。

向使当初身便死，一生真伪复谁知？

白居易这首《放言》，隐含了一个普适性现象——

很多人在看待历史人物与历史事件的时候，都不自觉地进入"上帝视角"。所谓"上帝视角"，就是以"后见之明"来论定"前代之史"，在很多时候无意识地掉进以果推因，甚至倒果为因的窠臼。

正是因为无意识，所以研究者很难自我察觉，遑论规避。拿王莽来说——因为，王莽最终篡逆，所以，王莽一开始就是阴谋家、野心家。当然还有一个"家"——"表演艺术家"，俗称"戏精"。

在王莽奇葩的权力征途上，相对关键的节点有两个。

第一个是淳于长垮台。第二个是汉平帝的死。

淳于长垮台，使王莽得以驶入通往权力中枢的高速公路。

而平帝的突然死亡，则是一个"触发按钮"——这个"按钮"触发了王莽人设的彻底切换。王莽原本的人设范本是周公，而现在，切换成了周天子。

人们普遍认为王莽暗中算计、阴谋搞掉了淳于长，就有"上帝视角"之嫌。

客观来说，淳于长更多是其本人忘乎所以，胡作非为，从而自己把一副好牌打成稀巴烂。咎由自取，怪不得他人。

王莽的确起了临门一脚的作用。但是你仔细看王莽的行为，居然会发现：王莽并没有出格，而是既合礼又合理，规规矩矩。

淳于长以外戚裙带，恃宠弄权，中饱私囊，也就罢了。跟废后的姐姐私通，进而对废后骗财骗色（文字戏侮）。

废后也是皇后，是皇帝的女人！淳于长确实是严重过火了。

淳于长这行为，是错误的。

错误！哪怕跟自己并没有直接关系，对于第一型人格来说，也不啻于眼中钉、肉中刺。

王莽当然要有所行动。《资治通鉴》卷三二：

莽侍曲阳侯病，因言："长见将军久病意喜，自以当代辅政，至对及冠议语署置。"具言其罪过。根怒曰："即如是，何不白也"？莽曰："未知将军意，故未敢言！"根曰："趣白东宫！"莽求见太后，具言长骄佚，欲代曲阳侯；私与长定贵人姊通，受取其衣物。太后亦怒曰："儿至如此！往，白之帝！"莽白上；上以太后故，免长官，勿治罪，遣就国。

王莽一是没有撒谎；二是完完全全按照那时候礼法的"标准流程"：先报告自家叔父，这时候仅限于王家内部家事。而王根听了之后，让他去报告太后；这时候圈子扩大，也还是在王家亲戚圈子。太后再让他报告皇帝，圈子就扩大到了国法层面了。

淳于长依凭的，跟王根、王莽是同一根裙带——王政君太后。淳于长行止颠倒，也损害到整个王家，王莽是有责任向家族长辈告知的。

符合规矩礼法，自然也就符合第一型人格的内在动机。王莽做这件事，当然他本人是最大受益者，但以此来全盘否定他做这件事客观上存在着的正义，简单归于阴谋，则不能不说是一种偏见。

纵览有关史籍，居然发现王莽在这一点上倒是"干净"的。王莽刑罚简单粗暴、过急过重，经常胡乱杀人，那是事实。但王莽从没搞过暗杀，而且罗织、诬告、栽赃、构陷、伪证这些，也未见记载。

王莽革故鼎新，当了新朝皇帝。郅恽上书王莽，指出他是窃位，要他赶紧还回去，自己回归臣子本分。

毫不意外，这可是任何人的逆鳞所在！王莽自然也不例外，《后汉书·申屠刚鲍永郅恽列传》：

莽大怒，即收系诏狱，劾以大逆。犹以恽据经谶，难即害之，使黄门近臣胁恽，令自告狂病恍忽，不觉所言。恽乃瞋目詈曰："所陈皆天文圣意，非狂人所能造。"遂系须冬，会赦得出，乃与同郡郑敬南遁苍梧。

多少比郅恽位高名重的人，王莽一言不合很简单就杀了。而对于这小角色，既已"大怒"，却不下手。

为什么呢？

因为王莽这个第一型人格，他杀人都是具有强迫性的"程序正确"。也就是说，必须是他认定这人错了，该杀，然后再杀。

郅恽所引用和依据的，是古经文及谶纬，恰好也是王莽认同的。客观上，王莽也就是依凭这个体系上位的。所以郅恽举着这旗帜，就好比做小学六年级应用题，"把小明跑完全程所用的时间假设为 1"，大前提大框架都对了，我们的王莽老师批改作业，虽然很生气，打钩自然是不可能了，但恶狠狠打个叉，那也是做不到的。

做得到，王莽老师就不是王莽老师了。

再说汉平帝的死。

司马光在《资治通鉴》卷三六中是直接定谳：王莽谋杀罪成立——

时帝春秋益壮，以卫后故，怨不悦。冬，十二月，莽因腊日上椒酒，置毒酒中。帝有疾，莽作策，请命于泰畤，愿以身代，藏策金縢，置于前殿，敕诸公勿敢言。丙午，帝崩于未央宫。

但是《汉书》中记载平帝死于疾病，没有谋杀之说。《汉书·王莽传》：

平帝疾，莽作策，请命于泰畤，戴璧秉圭，愿以身代。藏策金縢，置于前殿，敕诸公勿敢言。十二月，平帝崩，大赦天下。

《汉书·平帝纪》更为具体：

冬十二月丙午，帝崩于未央宫。大赦天下。有司议曰："礼，臣不殇君。皇帝年十有四岁，宜以礼敛，加元服。"奏可。葬康陵。诏曰："皇帝仁惠，无不顾哀，每疾一发，气辄上逆，害于言语，故不及有遗诏。其出媵妾，皆归家得嫁，如孝文时故事。"

留意"每疾一发"的"每"字。说明平帝的病，不是什么突然的事。根据"气辄上逆，害于言语"的症状描述，可能是呼吸道过敏之类突发性疾病。

虽然平帝是王莽的亲女婿，但是王莽亲儿亲孙都逼死好几个，女婿算什么？所以这个因素基本可以不予考量。

考量的落脚点在于：班彪、班固父子作为汉臣，对王莽肯定加倍的"苦大仇深"，对于王莽的污点，不放大就不错了，不可能为王莽隐讳。

司马光应该是取材于首个登高一呼、反王莽、复汉室的翟义的起兵檄文。《汉书·王莽传》：

东郡太守翟义都试，勒车骑，因发奔命，立严乡侯刘信为天子，移檄郡国，言"莽毒杀平帝，摄天子位，欲绝汉室，今共行天罚诛莽"。郡国疑惑，众十余万。

既然是檄文，当然要极尽攻击之能事，至于客观真实性，则不存在考据的意义。而鸩杀平帝，显然是檄文中最具分量的"核弹"。固然不能说王莽绝对没有鸩杀平帝，但是断然认定就是王莽鸩杀平帝，显然也不够客观公正。毕竟，这件事从逻辑上说，《汉书》的可信度相对要更高一些。

但是《资治通鉴》和《汉书》都异口同声记载了平帝生病，"莽作策，请命于泰畤，愿以身代。藏策金縢，置于前殿，敕诸公勿敢言"——王莽这是在"抄作业"，抄的是周公。

王莽自导自演，剧本取材《尚书·周书·金縢》，璧、珪、金縢，连道具都一样：

武王有疾，周公作《金縢》。

既克商二年，王有疾，弗豫。二公曰：我其为王穆卜。周公曰：未可以戚我先王？公乃自以为功，为三坛同墠。为坛于南方，北面，周公立焉。植璧秉珪，乃告太王、王季、文王……公归，乃纳册于金縢之匮中。王翼日乃瘳。

克商次年，周武王就病了，病得很重。周公私下向先人们祈祷，把祈祷词封存金縢之匮中。结果第二天，周武王病就好了。

但是，汉平帝却一病不起。

看来，王莽“抄作业”，经常是“抄”对了开头，“抄”不对结局。

对于王莽，比较通行的描述是：一个阴谋家、野心家，借助裙带关系，通过长时间处心积虑地伪装与作秀，骗取信任，逐渐进入权力中枢，最终篡夺皇位，建立新朝，之后进行了一系列不切实际的改革，诱发社会动乱，最终失败被杀。

当然，那些说王莽是穿越了的社会主义者、影帝、发明家云云，则属于网络上的戏谑之说。

你如果看王莽影帝级的“表演”，大获全胜的“自我包装”与个人“品牌运营”，很容易觉得，王莽是一个第三型。

但问题来了！假如王莽是第三型，那么他的目标呢？他的现实收益呢？

如果王莽不遗余力地伪装与作秀，目标是做皇帝。那做了皇帝，目标实现，再伪装与作秀，又给谁看呢？还有，做皇帝这个大目标，通常会伴生一些具体目标：比如天下的“大家”国泰民安、江山永固；自己的小家人丁兴旺、富贵万年；自己本人健康长寿、享福享乐……一个皇帝如果是正常人，这些都是极普世的。

可是王莽没有。

至于王莽新朝这个天下“大家”，我们都知道，王莽一顿操作猛如虎，玩坏了，碎了一地，不可收拾。

盘点一下王莽的“小家”，也就是他的家人，排队充当了王莽的牺牲品。

第一位是王莽次子，王获。

王莽因为傅太后座席风波，暂时赋闲在家的期间。王莽的第二个儿子王获杀了家里的一个奴婢。这在当时根本不是什么大不了的事。但王莽毫不姑息，严厉批评，王获最终自杀。

第二位是王莽长子，王宇。

从事件本身看来，王宇理性而且具有风险意识和前瞻性思维——王莽掌权，隔绝皇帝母子，屏蔽外戚卫氏。这毕竟是违背人伦亲情的事，皇帝不可能不起怨心。成年后，记恨清算的可能性是极大的。

但是，这些王宇都没有直接、正面分析给王莽听，而是走间接、侧面路线。

王宇之所以会采取“馊主意”，以及前面王获自杀、后面王临谋弑，都可以折射出，王莽与儿子之间交流沟通的通道几乎是壅塞的。第一型人格往往在家里太过于严肃、严厉、僵硬、威严，导致亲子沟通障碍。这值得所有家长警醒。

王宇没有直接劝谏王莽，而是私下派人送信，建议皇帝的母亲上书，申请进宫，母子团聚。申请被王莽否决。王宇跟其师吴章和内兄吕宽商议。吴章认为王莽听不进人的话，听得进鬼的话，可以制造一些变怪之事，让王莽心里惊惧，进谏时再顺势归因，王莽可能就会听从。于是，王宇让吕宽夤夜行动，往王莽大门上洒狗血。不巧且不幸，吕宽操作时，当场被抓。王莽亲自押送王宇投案，王宇服毒自杀。

第三位是王莽奉养的寡嫂与视同己出的侄子，王光。

王光舞弊枉法，让执金吾窦况利用执法权帮他杀人。舞弊枉法，是第一型人格最为痛恨的行为。王莽大怒，严厉地批评责备王光。王光的母亲问王光：你自己觉得，好得过王宇、王获吗?

王光自问不能，于是母子俩一起自杀了。

第四位是王莽的长孙，王宗。

王宗年轻，好玩而已，可能在绘画、篆刻方面有兴趣，创作了“被服天子衣冠”的自画像，又刻了三方印章，内容分别为“维祉冠存己夏处南山臧薄冰”“肃圣宝继”“德封昌图”。王宗的舅父——前文洒狗血的那位——私下与王宗有书信来往……王莽获悉，要求严查，深挖追究，于是王宗自杀。

性格健康度不高的第一型人格，对于规矩的僵硬意识，病态地认真，毫无变通的能力，更遑论轻松与幽默。

第五位是王莽孙女，王妨及孙女婿王兴。

王妨诅咒婆婆，杀婢灭口——毫无疑问，这种违犯规矩、礼法的行为，是第一型人格最痛恨的。王莽理所当然派人严厉批评，夫妻俩自杀。

第六位是王莽最后一个儿子，王临。

莫名其妙，儿孙接连横死，王莽的妻子哭瞎了双眼。莽妻身边有个侍女叫原碧，王莽和王临先后都与原碧发生了关系。

王莽的行为，在古时是符合礼法与规矩的，所以史书写“幸之”；王临则不合礼法，属于私通，所以史书写“通焉”。

王临怕事情泄露，就跟原碧密谋一起杀掉王莽。王临的妻子刘愔是国师公刘歆的女儿，家学渊博，也能夜观天象，告诉王临宫中不久就有丧事。王临很高兴，以为密谋要得逞。

后来王临被降为统义阳王，打发到宫外的宅子居住，就越发焦虑了。正好他母亲病重，王临就写信给他母亲说，父皇对子孙太严厉，大哥二哥都是活到三十岁就被逼死，我今年也正好三十，真担心也不久于人世。

这封信不巧却让王莽给看到了。王莽大怒，怀疑王临有恶意，不让他参加母亲葬礼——这在古时是极严厉的惩罚。之后又把原碧抓起来审问，原碧把奸情和谋杀都招供了。王莽想要掩盖家丑，下令杀了办案人员，尸骨掩埋狱中，他们的家人都不知道他们去哪儿了。

王莽让王临服毒，王临拒绝听从安排，用利器自杀而死。

王宇派人黄夜洒狗血，王临写信给双目失明的母亲……这些都是极不明智的行为——因为父亲过于严厉，孩子在成长过程中战战兢兢，长此以往，容易导致智商弱化。

严格说起来，这么多死者里，除了最后的王临，王莽有“赐死”行为，可以算是王莽下手杀的，其他人都不能说是王莽直接杀死。

说“逼死”，是合适的。他们都是在“切责”之下，自行了断。

而“切责”，就非常符合王莽这个健康层级不高的第一型人格的心理模式与行为模式了。

第一型人格的防御机制是“反向作用”，就是对自己及自己所延伸出来的亲密家人，会加倍严苛。

一旦自己有做得不对，哪怕是略有松弛，这种自我防御机制就会启动，很多时候，会以攻击性体现出来。现实中常常就有这样的案例：第一型人身体不舒服，正常的情况下，应该放下工作休息，但是，第一型人潜意识觉得因为自己个人身体问题需要休息，而影响工作，是不对的！哪怕休息还仅仅停留在起心动念的层面，第一型人已经启动“反向作用”——不仅不提早收摊、休整休息，反而比平常更加卖力、更长时间加班。

对于自己之外的他人，尤其是亲密关系的家人、下属，一旦你做错了，第一型人格的挑剔指责是非常严厉的，这种攻击性，第一型不仅不会自我察觉到过分、也根本不认为是对你的伤害——甚至会认为，这才是对你最大的帮助，才是对你真正的爱！所以，他要对你进行严厉的批评教育，让你痛哭流涕、痛心疾首、痛改前非……痛过头了，就是痛不欲生。西汉当时的社会风气比较看淡生死，士可杀不可辱的观念深入人心，一言不合，自我了断。

不止王莽，海瑞据说也这么干过。

某日，海瑞看见他五岁的女儿吃一个糕饼，就问糕饼是谁给的，当得知是某仆人给的时，海瑞大怒，训斥女儿：“女子哪能随便接受男仆的糕饼？你不是我的女儿！你如果能饿死，才算我的女儿！”小女孩从此啼哭不止，不喝也不吃，家里人怎么哄、怎么劝，都没有用。饿了七天，终于饿死了。

《明史》《明实录》《国榷》等正史并没有关于“海瑞杀女”或“海瑞饿死女儿”的记载。而是出现在《见只编》《万历野获编》这样的杂记之中。

此事是否属实不好定论。但是，行为模式倒不像是虚构的——确实符合海瑞的第一型人格特质！

王莽的几个至亲都自杀而死，王莽内心有没有后悔，肯定是不得而知。但作为第一型人格的王莽，他至多是悔而不改。下次再出现此类事，还是绝不姑息，照样“切责之”。

绝大多数人是无法理解王莽的：你都已经是皇帝了，还无法让这些至亲好好活着——那你何必做皇帝呢！

王莽自己有没有享乐享福呢？像后世唐玄宗、宋徽宗那样？没有！

《汉书·王莽传》赫然写道：莽常御灯火至明，犹不能胜。

不仅没有享福，而且是经常性加班——通宵达旦加班！

王莽篡位之后的那些匪夷所思、花里胡哨、完全脱离现实、没有一点必要性、也没有任何好处的所谓改革举措——根本就无法实行的土地与人口制度；改革币制，用布、贝壳、乌龟壳之类作为货币；频繁更改各地地名；频繁更改官制与官名；单方面更改对少数民族政权的称谓甚至因此引发战争……所有这些，如果让现实、务实、实用主义的第三型看到了，只会嗤之以鼻。

同时引出一个极大的悬疑：能够进行这么成功伪装与作秀的王莽，应该是智商非常高的枭雄级人物吧？

事实上确实如此：历史上那些篡位成功的，无一例外都是人精。比如后世的曹操、司马懿、杨坚……

而王莽却让这个规律大跌眼镜——王莽表现出轻度智障，甚至反智（偏激的研究者直接认定王莽就是一个智障人士，或精神病患者）。

王莽不太可能是第三型人格，最大的可能是第一型。

而当我们用第一型的内在心理机制去看王莽时，就会惊讶地发现全新的解答。智障的王莽，为什么做出那么完美的表演，欺骗了那么多智商不低的社会精英？答案石破天惊：王莽根本就没有在表演！

王莽就是严格按照他自己的标准，没有特地迎合谁、取悦谁，他就是做着他觉得原本就该这样做的日常。不是表演的表演，是不是真实、自然得无懈可击？好比你拿两张真钞，考银行人员：哪一张是假的？

王莽按照儒家圣贤的标准要求自己。而后世毫不犹豫把这定性为王莽就是带着动机去表演的，难免有以果推因、想当然之嫌。

王莽恭俭勤学，奉养母亲与寡嫂，抚育亡兄遗孤，外交往名士，内服事伯父叔父，伯父大将军王凤生病，王莽尽心侍疾，亲自尝药，一个多月没好好休息，也顾不上收拾自己，以至于搞得蓬头垢面——其实，对于第一型人格而言，这些都是礼法规矩所要求的，都是应当的、必须的——这么做，再自然不过。

对王莽而言，未必因为王凤是大将军，而是因为王凤是伯父。

王莽走上仕途，平步青云之后，不仅没有变色，而是“爵位益尊，节操愈谦”，轻财仗义，不论舆、马、衣、裘，都大方地赠予宾客，周济朋友。

人们普遍认为王莽是刻意作秀、收买人心。其实王莽思维定式是很清晰的：既然做官，就应该像周公那样，“周公吐哺，天下归心”嘛。从后来王莽的人生历程看，他的人设，基本上锚定了孔子反复推崇的古人——周公。

兄长早逝，王莽担当起叔父的责任，把侄子王光送到博士门下学习。王莽经常正装车驾，带着羊酒去拜谢老师，王光的同学也因此沾光。旁观者赞叹不已。

后来，王莽安排王宇与王光同一天迎娶新妇，大喜之日，宾客满堂，王莽忙于应酬。突然，家人来告知，太夫人如何病痛，需要服什么药……王莽当即起身前往，一场宴席，如此这般几次。

这些自然被指表演作秀。但是，亡兄孤子视同己出，尊师重教，操心母亲病痛……孝、悌、慈、师道，你让第一型人格不做这些，那反倒奇怪了。

王莽是按贤臣、圣人标准来要求自己，只不过，把标准拔得太高了，显得过头，惊世骇俗，反而很像刻意作秀。

此外就是王莽把钱物用于赠予周济，收入高，支出也高，家里财政紧张，也并无可能。王莽母亲病重，公卿列侯的夫人们登门问候，王莽妻子迎接，“衣不曳地，布不蔽膝”，夫人们都误以为是佣人，问后得知是夫人，都大吃一惊。

其实《汉书·王莽传》有说到王莽的心理动机：

莽既拔出同列，继四父而辅政，欲令名誉过前人，遂克已不倦，聘诸贤良以为掾史，赏赐邑钱悉以享士，愈为俭约。

此中隐约可见第一型人格的心理防御机制“反向作用”。

王莽的行政风格是“色厉而言方”，表情始终严肃，说话必定上纲上线。王莽想要什么，自己不直接申请，而是把意向泄漏，机灵的党羽捕捉到意向之后上奏。上面同意了，王莽还要“稽首涕泣，固推让焉”。班固也认为王莽这样做是在表演，其目的是“上以惑太后，下用示信于众庶”。

殊不知，既然圣人、贤臣，当然要“克己复礼”，要谦让……这些行止，正常人看了会认为虚伪做作、形式主义，但却是部分第一型人格的强迫症。

当然，也可以说是作秀。但是，第一型人格这种作秀，其背后的心理动机却跟第三型人格完全不同——第三型的作秀，是为了从外部得到某一种利益或者达到某一个目的，如果没有利益或目的，第三型根本就懒得作秀。

第四型也爱作秀，第四型作秀是因为把作秀视为艺术。

而第一型作秀，则更多是因为第一型觉得按标准，应该如此。

第三型为了利益而作秀，第四型为了作秀而作秀，第一型为了标准而作秀。

刘孺子禅位王莽，也就是王莽开始正式登上皇帝宝座。王莽奉献了“演技炸裂”的“封帝”之作——如果这一切真是表演的话。《汉书·王莽传》：

读策毕，莽亲执孺子手，流涕歔欷，曰：“昔周公摄位，终得复子明辟，今予独迫皇天威命，不得如意！”哀叹良久。

王莽如此这般，会不会不是表演，而是真情流露的真心话呢?

要结合王莽的人格特质分析：王莽受禅、以新代汉，在当时是什么性质?后世毫不犹豫定性为篡逆，罪大恶极，应该很大程度是从宋明理学起。而在当时，思想界却没有那么禁锢僵化。改朝换代，是有其主流思想基础的。面对刘氏汉室的昏聩不振，江河日下，尤其是反复出现的皇帝疾病、绝嗣与寿夭，

"气数已尽""汉德已衰"成了一部分知识分子的观点。尤其是王莽所修学的古经文的学者群体。而汉平帝的突然夭亡，让王莽认定是天意不续刘家，而这时候的自己，已经莫名其妙就来到了"头等舱"，离那个位置，只有一步之遥。之前古经学的"革命"之说，开始清晰成型。伊尹周公的人设，不知不觉畸变为商汤武王——圣人圣君，一样都是圣贤！也就是说，王莽真心认为自己所做的一切是顺应天命，是正确的！

不仅王莽一个人这么认为。从王莽代汉的过程中，权力中枢平稳过渡，基本没有什么大臣以死抗争来看，大部分人也是默认的。

只是合理不合情，个人感情上也不想这样，但是没办法。所以才"流涕歔欷，哀叹良久"。

王莽听汉兵宣传，说是他毒死了汉平帝。王莽于是召集群臣，当众打开当时"抄作业"学周公，为平帝请命的"金縢之策"，流着眼泪让群臣看。王莽这时候已经是新朝皇帝，如果毒杀汉平帝确实是他干的，他避而不提即可，又没有人公开提这件事。王莽不提，谁会提！有必要哭哭啼啼地自我辩解吗？

撇除那些帮闲浮夸或动机不纯者，看一下代表着"知道"与"良心"的主流知识分子对王莽的臧否。《汉书・王莽传》：

及长乐少府戴崇、侍中金涉、胡骑校尉箕闳、上谷都尉阳并、中郎陈汤，皆当世名士，咸为莽言，上由是贤莽。

如果王莽只会表演作秀，没一定的真材实料，那么，要瞒骗这些具有洞察力、独立思考、擅长证伪的"当世名士"，并获得他们异口同声的认同，可能性极为渺茫。

合理的解释是：王莽经过多年的闭门苦读，在旧经学上确实有一定的造诣，这点从他从政之后对古经文的娴熟使用可以看出。也唯有学术造诣结合"君子固穷""贫贱不能移"的躬身践行，才能赢得名士们的认可与敬意。

后来，联名上书请求给王莽加九锡的官员达九百零二名，"公卿大夫、博士、议郎、列侯”，这些都是政权中枢的臣僚，可以说都是当时社会的精英。如此大的人头数量，不能说全都是跟风者、随喜者、碍于情面者、趋附者、怀有不纯动机者吧？

其中必定不乏视王莽为圣贤模范、真心拥戴王莽的人。

也的确，一直以来，王莽展现给他们的，都是无可置疑的公道与无私。

不过，王莽留下最大的悬疑，倒是这个小风波。《汉书·王莽传》：

后日，未央宫置酒，内者令为傅太后张幄，坐于太皇太后坐旁。莽案行，责内者令曰：“定陶太后藩妾，何以得与至尊并！”彻去，更设坐，傅太后闻之，大怒，不肯会，重怨恚莽。莽复乞骸骨，哀帝赐莽黄金五百斤，安车驷马，罢就第。

王莽这么做的真实心理是什么样的？

不外乎两种可能。

第一种可能：王莽表现出极高明的政治智慧，心机敏锐且胆识过人，果断采用弃子战术，以退为进，抓住难得机会，向姑母王政君雪中送炭，送上最及时的一次助攻，进行了一次完美的表忠心与权力押宝；同时又彰显了自己刚正不阿、一切按照规矩；规矩至上，功名利禄则神马都是浮云；绝对的楷模、圣贤！

第二种可能：王莽死守标准，不懂变通。而这一次的不变通让王莽栽了大跟头，差一点就永远离开了权力中枢，体现出王莽僵硬、呆板、缺心眼，属于官场智障人士，政治智慧接近于白痴。

假如剧情截止于王莽登上皇位就此圆满落幕，则大概率正确的是第一种可能。

假如剧情不作截止，继续播出王莽登位到快速败亡大结局，结合王莽做皇帝之后“天真烂漫”的治国理政实操，则大概率正确的应该是第二种可能。

——王莽属于官场智障人士，政治智慧接近于白痴。

而如果以第一型人格核心动机来解读，则不存在任何悬疑。

王莽既没有什么特别的政治智慧，这件事也不能说明他是政治白痴（将来的新政改革才是)……王莽当时就是觉得，必须按礼法、规矩。

不能错！仅此而已！

王莽第一型人格的心理模式与行为模式，也侧见于一些无关紧要的细节。

公卿大臣进入宫殿，随从是定额的。有一次，太傅平晏随从超额，掖门仆射盘问语气不是很礼貌，太傅府吏拘捕了仆射。王莽闻讯大怒，让执法调动战车铁骑几百人包围太傅府，逮捕了府吏并就地处决。

又有一次，大司空的属吏夜过奉常亭，亭长(相当于派出所所长)不通融，属吏就把自己的官职身份告诉了亭长，亭长喝醉了，说道："有没有工作证？"属吏用马鞭打亭长，亭长砍死了属吏跑路，郡县要缉捕他。他家人上书申诉，王莽发话了："亭长是奉公行事，不要追捕了。"

在王莽看来，制度规矩至上，制度规矩超越贵贱高低，甚至超越人命。有人破坏制度规矩，就是跟他过不去，他就愤怒异常。而维护规矩的，哪怕杀了人，他也认可和赞赏。

第一型人格把制度规矩看得太重要了，甚至病态地认为，制度规矩高于一切，决定一切。《汉书·王莽传》：

莽意以为制定则天下自平，故锐思于地理，制礼作乐，讲合《六经》之说。

看似愚蠢天真，实乃食古不化。只有健康层级偏低的第一型人格，才会僵化呆板到这样程度。

王莽欣赏什么样的人呢？

王莽自己"抄作业"，抄周公，抄孔子……唐尊也"抄作业"，直接抄王莽。平晏死后，唐尊接任太傅。唐尊说："国库空虚，人民贫困，根源在于奢侈太过。"于是身穿小袖短衣，乘坐母马破车，睡坐时用干草作衬垫，用瓦器作餐具，又用瓦器盛着食物赠送公卿官员。外出时看到不分开走路的男女，唐尊亲自下车，采用象征性的刑罚，拿红色抹布弄脏他们的衣服。

王莽听说后，大加赞赏，下诏书号召大家向唐尊学习，并封唐尊为平化偄。

王莽最后一次“抄作业”，抄孔子的“天生德于予，汉兵其如予何！”

一语成谶，王莽人生谢幕的这句话，如同谶言，极具象征意义——

王莽终其一生，甚至捆绑上他的一家人，做的一件事就是：抄作业。

王莽滥杀，可能也是以周公诛管蔡、孔子诛少正卯为楷模，并进行自我授权、自我辩护和自我鼓励的。

王莽就是一个误入仕途的学究，被权力玩，然后也玩权力，最终玩坏了。

如果始终与权力没有因缘，那说不定，王莽也会成为一位正人君子、儒林贤达，名闻于后世吧？

二　第二型人格：投桃报李

秦穆公投桃夷吾。

夷吾把桃吃了，把果皮和果核，塞回秦穆公的手里。

秦穆公

齐公子无知弑齐襄公，自立为君，延揽人才。百里奚想去，蹇叔劝阻，认为无知非法即位，不会长久——果然，不久雍林人就袭杀了无知，随行臣子也没有幸免。

百里奚逃过一劫。

王子颓对百里奚很满意，让百里奚做他的家臣。蹇叔又劝阻，认为王子颓志大才疏且图谋不轨，追随他很可能就是自取灭亡——果然，不久王子颓就发动叛乱，赶走周惠王，自己做了周天子，但两年后就被郑、虢联军袭杀。

百里奚又逃过一劫。

因宫之奇的引荐，百里奚成为虞国的中大夫，蹇叔又劝阻，认为虞君目光短浅俗不可耐，恐有亡国之祸。穷怕了的百里奚这次不听了——果然，不久后晋献公“假途伐虢”，灭了虞，百里奚连同虞君一起做了俘虏。

百里奚被晋献公当作女儿伯姬——即后来的秦穆夫人——的陪嫁奴隶，半路逃跑，到了楚国，被当地人抓了起来。秦穆公听人说百里奚有才，就用五张羊皮，把百里奚赎了回来。

秦穆公跟百里奚探讨治国理政，开个头就欲罢不能，足足说了三天。秦穆公非常高兴，决定重用百里奚。百里奚认为自己不如蹇叔，把蹇叔劝阻自己的事迹和盘托出。

很显然，蹇叔可能是乌鸦嘴，也可能是大智者。

秦穆公当然正向思维，选择相信后者。于是把蹇叔也请到了秦国。

秦穆公封蹇叔担任右庶长，百里奚担任左庶长，称为“二相”。

但现在，秦穆公非常生气，让人带话给蹇叔——

“尔何知！中寿，尔墓之木拱矣！”（《左传·僖公三十二年》）

当时习惯称六七十岁为“中寿”，后半句，字面的意思是：如果你活六七十岁的话，你坟头的树早就合抱了。

整句话文绉绉的，但意思却非常直白。翻译成白话文就是：“你懂什么！你这个老不死的！”

秦穆公这下显然是把蹇叔当乌鸦嘴，而非智者。原因在《左传·僖公三十二年》，秦军远征（偷袭）郑国，而蹇叔向秦穆公提出反对意见：

“劳师以袭远，非所闻也。师劳力竭，远主备之，无乃不可乎？师之所为，郑必知之。勤而无所，必有悖心。且行千里，其谁不知？”

蹇叔认为，部队疲于奔命，目标国又做好了防备，必定一事无成。一大队人马，行军千里，这简直就是名副其实的路演，还会有谁不知道！秦穆公不听。蹇叔劝谏无果，就在部队开拔时跑去哭。主帅是百里奚的儿子百里孟明视（简称孟明或孟子），蹇叔就哭着跟孟明说：“孟子，吾见师之出而不见其入也。”

蹇叔儿子也在出征的队伍中，蹇叔又哭着送别儿子：“晋人御师必于殽。殽有二陵焉。其南陵，夏后皋之墓也；其北陵，文王之所辟风雨也。必死是间，余收尔骨焉。”

蹇叔确实厉害！连中伏的地点都预测得毫厘不爽。

但是话就更加难听，连收尸都说出来了。

也难怪秦穆公恼火。

现在看来，蹇叔很可能是一个第五型人格，擅长观察、思考和推理，缺点就是情感表达有障碍。这就对不上秦穆公的“钥匙孔”——秦穆公是第二型人格，原本就习惯走心而不走脑。而这一次很有可能处在压力之下蜕变出第八型的一些特质，或性格健康度掉层……总之，秦穆公变得胆大、自我、任性、固执，而且具有一定的攻击性——你看他带给蹇叔的那句话，就是骂街。

《史记》记载，百里奚和蹇叔都劝谏、哭师，但是秦穆公一意孤行。

走心不走脑的结果，除了欠缺风险意识，就是草率而不周全。尤其是疏漏了一件事——晋文公重耳刚刚去世，还没有出葬。

秦穆公在这种情况下搞军事冒险，给了晋国一个绝佳的“抓手”。

《史记》说战端发起者是晋太子——即之后的晋襄公：

当是时，晋文公丧尚未葬。太子襄公怒曰：“秦侮我孤，因丧，破我滑。”

但根据《左传·僖公三十二年》记载，这次战争却是先轸主张主导并且主持的。

晋原轸曰："秦违蹇叔，而以贪勤民，天奉我也。奉不可失，敌不可纵。纵敌患生，违天不祥。必伐秦师。"栾枝曰："未报秦施而伐其师，其为死君乎？"先轸曰："秦不哀吾丧而伐吾同姓，秦则无礼，何施之为？吾闻之，一日纵敌，数世之患也。谋及子孙，可谓死君乎？"

先轸的话，信息量很大。

首先是对于秦国出兵的始末枝节了如指掌，说明晋国在秦国可能安插了"细作"。

其次，对秦国的定义是"敌"，而非"友"。当然，认可秦对晋有恩而且没报答的声音，不是没有，但显然不是主流，仅限于栾枝弱弱地问一句：还没报答秦的恩惠，反而袭击秦军，好像不太对得住刚死的晋文公？

先轸的话，是他所解读的晋文公，也是最真实的晋文公：打击秦国不是一时的战术，而是长期的战略。何况现在秦穆公送上了"不哀吾丧而伐吾同姓"这么绝佳的抓手。

于是，崤之战，晋军全歼秦军，俘获孟明等三位主帅，战果辉煌。但晋襄公因文嬴求情，又把三人草率地放走了。先轸得知后气急败坏，不顾礼节狠狠地朝着国君随地吐痰——从这个细节也可以看出，主导者是先轸，而不是晋襄公,《左传·僖公三十二年》：

先轸朝，问秦囚，公曰："夫人请之，吾舍之矣。"先轸怒曰："武夫力而拘诸原，妇人暂而免诸国。堕军实而长寇仇，亡无日矣！"不顾而唾。

崤之战决策、策划、执行一条龙都是晋文公的原班子所为，其实也是晋文公意志的延伸，应该记在晋文公的账上。

从晋国高层对话可以清楚看出，把秦国视作敌国，是一种共识。所谓秦晋之好，其实很多时候是秦穆公的一厢情愿。晋国在道义上是一贯的双重标准。晋国自己攻灭的小国也不少。而本不该下手的姬姓同宗，比如耿、霍、魏（不是后来的魏）、虞……吞并同宗的先河，就是在晋襄公的爷爷晋献公的手上开的。秦穆公一直对晋国深情款款，奉献有加，晋国为什么就是不领情呢？难道天生是白眼狼？其实恰恰不是，这是当时晋国君臣的政治智商比秦国高出一个级别的体现。从地缘上看，位于西边的秦国的强大，是绝对不符合晋国的战略需求的。

人们很容易把夷吾的忘恩负义理解成为夷吾个人的德行问题。其实重耳跟夷吾的区别，只是在于重耳的吃相好一点，仅此而已。这里的夷吾指的是晋惠公。当时还有一位夷吾，姓管，齐国人，管夷吾，习惯称为管仲。

秦穆公有恩于重耳——也就是晋文公，而且这恩，既大又实惠。但晋文公怎么回报呢？鲁僖公二十五年（前635年），周襄王的弟弟王子带，与王后隗氏私通，发动叛乱。周襄王出逃，临时住在郑国的氾地，发出救急令，号召诸侯勤王。秦穆公响应号召，率部到了黄河边上，准备接了周襄王，再护送回朝。

狐偃告诉晋文公，这绝对是一次好机会。其实正常人都看得出这是一次好机会。只不过小国畏惧不敢僭越，部分大国要么反应不及时（如齐）、要么路途太远（如楚）。

晋文公还卜了一卦，大吉！确定了这是只有收益没有风险的好事，就辞退了秦军，自己顺流而下。后续剧情没有悬念：晋右军捉拿奸夫王子带并杀掉，左军接到周襄王，并安顿妥当。

周襄王宴请晋文公，晋文公向周襄王提出了一个周襄王肯定不会答应的请求——死后按隧道之礼下葬。全在地下的墓道叫隧，露出地面的墓道叫羡。天子葬以隧道，诸侯葬以羡道，这是当时的礼法规范。周襄王当然不会答应。

晋文公也不是要周襄王答应这个请求。这个请求提出来，其使命就是用来被否决的，如同围棋中的“弃子”。

晋文公玩了一个心理小技巧，极其巧妙地利用了周襄王潜意识中的代偿机制。果然，周襄王心里过意不去，代偿机制起作用，把阳樊、温、原、欑茅等大片土地赏给晋国。晋文公名利双收，赚得个盆满钵满。

如果秦穆公同行，会怎么样呢？《论语·宪问》孔子那句“晋文公谲而不正，齐桓公正而不谲”，是有道理的。辞退秦穆公的说辞，极有可能是冠冕堂皇的：您老是君子长者，捉奸这种恶心事，我来做就好了，不劳您的大驾，请回吧……

晋国其实是利用地缘便利，毫不客气地遮断秦国，自己独吞了这次名利双收的机会。

讨好不吃力的事，没秦国什么事。吃力不讨好的事呢？那当然是同去！比如五年之后围攻郑国。

《史记·秦本纪》说得直接，秦穆公是被拉来助攻的。

三十年，缪公助晋文公围郑。

《左传·僖公三十年》的记述更细致：

九月甲午，晋侯、秦伯围郑。以其无礼于晋，且贰于楚也。

晋文公拉了秦穆公围攻郑，绝不是表面上帮闲打酱油那么简单。在晋文公的算盘里，同去的秦，是要起一个大作用的。

郑是晋的同宗，都是姬姓，说起来算是一家人。晋文公不像他爸晋献公和他弟晋惠公（夷吾）那么不要脸，也当然也没他哥太子申生那么太过要脸，晋文公是有着贤者人设的……但是，吃相好并不能代表不贪吃。

晋如果单独攻郑，然后要这要那的，晋文公贤者人设无疑就崩塌了。

这就好比你抄家伙冲你堂弟家里，如果仅仅是教训堂弟没有讲文明懂礼貌，那没什么不对。但如果你借机勒索东西，性质可就不一样了，谁都会说你吃相难看、不要脸。

如果你带上一个外人，说辞就可以这样：咱们是自家兄弟，今天如果只是我自己，那我肯定什么也不会要你们的……但秦穆公可不一样呀，上年纪的人了，大老远跑一趟，不容易，总不能空手回去不是……

之后就是签订条约、割地赔款之类。总之，秦有的，晋自然少不了。再之后，长辈责问起来，可以说：我原本不要的，我怎么会要呢？全都是秦穆公要的……秦穆公要，我也没办法啊……（这也是为什么秦退兵后，晋也退兵了。）

郑国派烛之武半夜从城墙吊下去，找秦穆公求情，表示愿意做秦国远方的东道主，走过路过，提供接待什么的。秦穆公听了很高兴，就跟郑国订立盟约，留下杞子、逢孙、扬孙帮助郑国防守，也不跟晋打个招呼，自己带着部队就回去了。

也就是留下来的这三位仁兄，三年后，招引秦穆公“潜师以来，国可得也”，秦穆公决定出兵，蹇叔反对无效。最终秦军无功而返，在崤被晋军截击，全军覆没。

其实，崤之战，晋对秦的袭击，不过后移了三年。

三年前，据《左传·僖公三十年》记载，秦穆公就已经让秦军置于被袭的危险境地：子犯请击之，公曰：“不可！微夫人之力不及此。因人之力而敝之，不仁；失其所与，不知；以乱易整，不武。吾其还也。”亦去之。

秦穆公接受郑的请求，单方面与郑盟约，然后一声招呼不打就扬长而去，把晋文公和他的部队当空气了。这的确是非常没谱、非常失礼的行为。也难怪晋人愤愤不平，狐偃当时就请求追尾、袭击。

晋文公不干，正义凛然地说：“不可以！没有这人出力，我们也没有今天。借这人之力又伤害这人，不仁；把盟国变成敌国，不智；变乱代替和谐，不武。回去吧！”

不过，真实的理由是不是如晋文公所说的呢？值得怀疑。

因为追击秦军，极大可能性会让晋军陷入险境。

秦与郑已经盟约，秦还留下得力的人手，既是助郑，也是督郑。晋军如果追击秦军，显然不具备快速歼灭秦军的可能性。而秦三将与郑趁机出击，则晋势必双面受敌，落入秦、郑夹击之中。而且，战场在郑，对于晋军，则天时、地利、人和，无一不处在劣势。

晋文公当然不是愣头青，审时度势，索性借势发表一下正能量讲话，为自己人设添砖加瓦，高调做人，低调做事，走人了。

秦穆公不走脑、任性、草率、不周全的毛病，三年后依旧。

三年前的袭击没有实际发生，但三年后，终究还是被补上了一课。

其实，烛之武在向秦穆公求情的时候，就非常犀利地点破了秦晋之间注定无法双赢的事实，并且指出秦国要越过邻国来有所作为，是非常困难的——所谓邻国，自然指的是晋。

三年之后，蹇叔的观点跟烛之武一样。但是蹇叔仅局限在纯军事层面，不如烛之武统揽全局。

但是对于接收方的秦穆公来说，其实都一样。第二型人习惯走心不走脑，并不是烛之武的分析打动了秦穆公，而是烛之武求情这件事本身，以及描绘的“远方的朋友，请你留下来”这种情感链接，触发了秦穆公的心理按钮。

把三年前和三年后的事件放在一起看，就会发现秦穆公的行为毫无逻辑、自我矛盾。

如果是贪图领土、财货什么的，那三年前就应该坚持初心，回绝烛之武，和晋国一起把郑国灭了瓜分，或者逼其割地赔款。而不是自己和军队千里跋涉兵临城下，却两手空空转身就走。

秦穆公根本就对领土、财货无感。这一点，后文会述及。

既然当时没有贪图的意思，三年后，却又因为大老远扔过来一个可操作性几乎为零的“潜师以来，国可得也”，就不顾一切又起兵赶来。结果还是两手空空转身就走。

不一样的是，上一次是平安回到家；这一次，却半路翻车，栽惨了。

基本可以看出，秦穆公注意力不怎么放在领土财货，也不在战略思维……而在于有人约。约，这个行为，是关系联结的象征。跟你不熟，什么关系也扯不上，谁约谁呀！帮晋国围郑，因为晋文公约，半路撤军，是因为烛之武（预）约；三年后出兵，则是因为杞子等人约……

第二型人格的内在核心动机，更多时候是在于和他人的关系联结。而非逻辑或实际需要。

现实生活中，第二型人格经常会买下完全不需要的东西，或者参加自己原本没兴趣的活动，推究其原因，往往就是“某某人也买（参加）了，他（她）一直拉我也买（参加）”。所以类似于直销、保险、理财、虚拟币、资金盘这类拉人头的推销兜售，最容易中招的就是第二型人格。

需要特别说明的是：第二型人格“不走脑”，并不代表“不用脑”，更非

“没脑”。只是在极度放松或者思想麻痹的情况下，当一个事情出现时，第二型人优先调动的是心区，也就是情感中心，而不是脑区——思维中心。

有个细节，还体现了一个专属于第二型人格的特质：建议的内容意思雷同，但烛之武说的，秦穆公就听了；蹇叔说的，秦穆公就是不听……不仅不听，还骂大街。

这是因为第二型人格通常会对越远的越好，越近的越不好；还有就是对新认识的越好，对老关系反而不好。

在九型人格的实际应用中，第二型人格和部分第六型人格外在行为特质会非常像、不容易分清。这时候就可以利用这个小小的规律。

比如，第二型人格对兄、弟、姐、妹等亲缘近者，态度通常不太好，对嫂子、弟媳、姐夫、妹夫等亲缘远者，甚至认识不久的陌生人，反而更好。第六型人格则刚好相反。

还有就是第二型人格对配偶通常不怎么客气，对子女却特别宠爱。第六型人格则比较均衡，但对配偶会更在乎一点，很多对外强悍的反六，却会惧内，比如霍光、戚继光。

现在看来,《左传·僖公十五年》记载秦穆夫人恐吓秦穆公要自焚，幸好带上了子女一起：

穆姬闻晋侯将至，以大子罃、弘与女简璧登台而履薪焉，使以免服衰绖逆，且告曰：“上天降灾，使我两君匪以玉帛相见，而以兴戎。若晋君朝以入，则婢子夕以死；夕以入，则朝以死。唯君裁之。”乃舍诸灵台。

这是更早以前的事了。那时候重耳还在流亡，晋国国君是重耳的弟弟——晋惠公夷吾。

秦晋韩原之战，秦胜，秦穆公把晋惠公夷吾俘获，凯旋。秦穆夫人听说娘家兄弟被抓，就领着三个小朋友——儿子罃、弘、女儿简璧，登上堆满柴草的高台，然后派人拿着丧服，带话给秦穆公：夷吾早上进城，我就晚上点火；晚上进城，就早上点火，您看着办！

没奈何，秦穆公只好把晋惠公安置在郊外的灵台。

晋惠公这一次挺悬的，差点牺牲。《史记·秦本纪》上说，秦穆公原本是准备把他杀了祭天，做名副其实的“牺牲”。全国人民斋戒、独宿的命令都下下去了——

于是缪公虏晋君以归，令于国：“齐宿，吾将以晋君祠上帝。”

这次韩原之战，确是秦穆公这位“好大爷”难得的一次爆发，理亏在于晋惠公。

晋惠公这人，确实太过分、吃相太难看、欺人太甚且逼人太甚——基本把秦穆公逼到墙角，再不发威，就不仅仅是被当成 Hello Kitty 的问题了。

秦晋恩怨，说来话长——要从晋惠公、晋文公的父亲晋献公说起。

晋献公贪婪、好色、寡恩、无情、行为凌乱。《左传·庄公二十八年》有介绍献公的婚姻和主要子女：

晋献公娶于贾，无子。烝于齐姜，生秦穆夫人及大子申生。又娶二女于戎，大戎狐姬生重耳，小戎子生夷吾。晋伐骊戎，骊戎男女以骊姬。归，生奚齐；其娣生卓子。

晋献公的正妻娶自贾国，也是姬姓，没有生儿子。晋献公和他爸晋武公的妾齐姜私通，生了秦穆夫人和太子申生。又娶了戎人的两个女子，大戎女狐姬生了重耳，小戎女生了夷吾。晋国攻打骊戎，骊国君把骊姬献给晋献公，生了奚齐；骊姬的妹妹生了卓子。

晋献公宠爱骊姬，骊姬想让自己儿子取代太子申生，就各种栽赃诬陷，在申生奉给晋献公的祭肉里下毒，申生不逃不辩，自缢身亡。骊姬一不做二不休，诬陷重耳和夷吾也有参与。晋献公派兵攻杀重耳和夷吾，两人各自出逃——这次大变，史称骊姬之乱。

重耳往北，去了翟（狄）。夷吾往西，去了梁，再到秦。

晋献公死后，接班人奚齐和卓子先后都被大夫里克杀掉。晋国暂时无主。夷吾就请求秦穆公，同时给秦穆公画了一块很大的饼，包括且不限于大片的领土。秦穆公对领土无感，但第二型人格非常受用于他人的恳切请求——于是，就派兵护送夷吾回晋就位，夷吾就成了晋惠公。

接着，晋惠公身体力行，演绎了好几个经典成语：阳奉阴违、背信弃义、过河拆桥、恩将仇报、乘人之危、倒行逆施……《左传·僖公十五年》：

晋侯之入也，秦穆姬属贾君焉，且曰："尽纳群公子。"晋侯烝于贾君，又不纳群公子，是以穆姬怨之。晋侯许赂中大夫，既而皆背之。赂秦伯以河外列城五，东尽虢略，南及华山，内及解梁城，既而不与。晋饥，秦输之粟；秦饥，晋闭之籴，故秦伯伐晋。

夷吾动身时，秦穆夫人交代他两件事：一是照顾太子申生的遗孀贾君，二是让逃亡在外的公子们回国。没想到夷吾变身晋惠公后，居然跟贾君通奸，也不肯接纳流亡公子，秦穆夫人当然怨恨晋惠公——别看晋惠公被抓将要做"牺牲"时，秦穆夫人解救行动惊心动魄，事实上，韩原之战，她肯定少不了枕边吹风，推波助澜。否则这里何以会有"穆姬怨之"的记叙？

之前许下的赏赐大夫们财礼的诺言，都背弃了；答应给秦穆公的大片领土，也都反悔不给了；晋饥荒，秦援助粮食。秦饥荒，晋惠公却禁止出口粮食给秦……秦穆公气不过，出兵伐晋。

如果按《史记·秦本纪》里说的，晋惠公就更加不堪得没有底线了：

十四年，秦饥，请粟于晋。晋君谋之群臣。虢射曰："因其饥伐之，可有大功。"晋君从之。十五年，兴兵将攻秦。缪公发兵，使丕豹将，自往击之。

晋惠公不仅不支援（应该是偿还）粮食，还趁机发兵攻秦。而秦穆公则是迎战，自卫反击。

虽然秦军同仇敌忾，但是现场战况还是峰回路转、扣人心弦。先是晋惠公脱离大部队而遇险，接着秦穆公只顾追击晋惠公，也脱离大部队而遇险。

相比起来，秦穆公境况更糟：落入晋军包围，苦战负伤，危在旦夕……

危急关头，突现神反转。

三百个土著壮士，空降兵一般出现在战场上，异常骁勇地冲击晋军。晋军猝不及防，兵围俱溃。秦穆公不仅解围脱险，还顺手拿下了晋惠公。

这三百壮士怎么来的？

这就是秦穆公第二型人格经典的同情心与奉献精神种下的善因——曾经，

秦穆公的宝贝骏马不见了，原来是被岐山脚下三百多名土著杀了烧烤。官吏抓获了这些盗马贼，要治死罪。秦穆公说，君子不可以因为畜生而害人，我听说吃了骏马的肉，如果不喝酒，会伤身体的，于是不仅赦免了土著，还赏赐好酒，让他们吃好喝好。这次迎击晋国，三百人听到消息，都要求追随参战。看到秦穆公情况不对劲，立马疯了一样，不要命地猛冲猛打。大家的初心都一样：当年吃马喝酒，如今报答。

秦穆公大获全胜，捍卫了秦国和自己的尊严，气也渐渐消了。再加上各方面的说情，最终没拿夷吾怎么样，双方签订了盟约，晋割让河东之地给秦，并把太子圉送到秦国为质。

秦穆公放夷吾回国，继续做晋惠公。晋惠公再也不敢造次了，乖乖履约。

这一年，晋又发生饥荒。秦穆公又主动献爱心，支援粮食。《左传·僖公十七年》记载，“晋大子圉为质于秦，秦归河东而妻之”。太子圉到秦国作人质，秦穆公爱心不打烊，把女儿怀嬴嫁给了太子圉，又把河东之地归还给晋——前文说秦穆公对领土财货无感，所言不虚吧？

后来太子圉只身逃归——这是很可惜的一个致命错误！太子圉如果拉上怀嬴一起找秦穆公恳求，跪在膝前，哀哀地哭，秦穆公不会不支持他。而太子圉撂下秦穆公给予他的一切，不辞而别，对于秦穆公这样的第二型人格，不啻打了脸、还扎了心。

再后来，重耳来到秦国，秦穆公又把女儿嫁给重耳，出兵护送重耳回国抢班夺权，晋怀公（太子圉）被杀，重耳谥号晋文公，其夫人被称为文嬴。

十六年后的崤之战，幸亏文嬴求情，战败被俘的秦军三位统帅得以放归。

先轸恼怒失态到随地吐痰的那一句“武夫力而拘诸原，妇人暂而免诸国”里的“妇人”，指的就是文嬴。

秦穆公第二型人格爱心奉献，再一次获得意想不到的回报。

第二型人格的注意力，总是聚焦在他人的需要上，而其潜意识里的需要，就是被他人所需要。

第二型喜欢给予他人，却很不愿意接受他人的给予，这让第二型显得很无私，自己觉得也很无私。但是，其实第二型不仅不无私，可以说特别自私。

第二型的自私有两种表现。

其一是“情感账簿”，第二型的每一次付出，都会记录在内心的“情感账簿”上。不是要你等量或等价偿还，但是期待你致谢和铭记。第二型对你的给予，你一定不能视作理所当然。如果你一副包吃相，没有对第二型的善意作出反应，第二型就会愤怒。别看第二型平时大好人、呆萌样，发起火来，也是很凶猛的。

其二是操控。第二型对他人的帮助或者付出，总是夹带着下意识的操控。健康层级不高的第二型，则直接假借爱或帮助之名，行操控之实。现实生活中，这种操控比较多见于亲子关系或婚恋关系，具有较强的隐性破坏力。

秦穆公嫁女重耳，就是非常明显的操控。当然，这种操控仅限于潜意识——也就是说，秦穆公自己本人都没有意识到。

伦理礼教真正变得森严，是在宋代。春秋时期，还是比较宽容。《左传》里随处可见乱伦的记述。此外则是隋唐，因为民族大融合，北方少数民族对于一些汉人眼中的伦理禁忌，不仅不当成禁忌，甚至还固化成习俗。

按宋代之后的标准看，秦穆公把女儿嫁重耳，简直是荒唐胡闹；重耳娶之，简直是寡廉鲜耻。

因为重耳是秦穆夫人同父异母的弟弟，也就是秦穆公小舅子。秦穆公所有的子女，包括不是秦穆夫人生的（比如怀嬴），礼法上，都应该称重耳为舅父。也就是说，秦穆公女儿，那就是重耳的外甥女。

司马迁可能看出这不太对劲，所以笔锋回护，把怀嬴写为“宗室之女”。也就是说，怀嬴不是秦穆公女儿，而是其他宗室贵族的女儿。在太史公的回护下，重耳与怀嬴第一个“乱伦”实锤，好不容易避开了。但接下来的，却避无可避。

太子圉是夷吾的儿子，夷吾是重耳同父异母弟弟。怀嬴嫁给夷吾，就是重耳的侄媳妇——重耳娶侄媳妇，这是谁都无从否认的事实了。怀嬴侍候重耳洗手，重耳洗手之后挥手甩干——这是一个不礼貌的动作，于是怀嬴生气地说：“秦、晋两国对等，你凭什么不尊重我？”重耳很不安，就脱去上衣，把自己囚禁起来向怀嬴道歉。秦穆公来见重耳，说：“我给你的几个女子，怀嬴是其中最有才能的。现在想让你们成婚，恐怕只是因为她曾是太子圉的妻子而名声不好吧。除此之外没有什么不好的。我不敢用正式的婚礼把她归于你，是因为担心大家不愉快。让你受委屈，是我的错！这件事要怎样，还是按照你的意思。”重耳当然觉得不妥，打算婉拒。但重耳的班子成员可不这么想。司空季子洋洋洒洒来上一大段，中心思想就是：“现在你跟太子圉，不过就是路人，他不要的，你拿来，成就大事！有什么不可以？”

重耳真不愧“谲而不正”，揣着明白装糊涂，非要把几位全拉下水——挨个问“您怎么看？”

他舅父狐偃最直接：“你都要夺他的国了，还在乎他的女人？乖乖听秦伯伯的安排吧！”

赵衰实在一点，也文明一点，先引用经典，表明这不是离经叛道，然后讲情理：“有求于秦，当然尽可能不要拂逆秦伯的美意，恭敬不如从命嘛。”

于是，重耳向秦国正式纳聘礼，缔婚约，亲自迎亲成亲。

赵衰这话还真说对了。对于第二型人格，他给予你，你理所当然笑纳而毫无表示，他会生气；而他给予你，你拒绝接受，他会更生气。

（按：亦有考据称秦穆公把亲生女儿文嬴嫁给重耳为正室，怀嬴为媵妾。文嬴、怀嬴实为二人。两说于本文主旨关系不大，故从简略版本。）

复盘秦穆公的一生，他最大的过失，应该就是崤之战。原本彻头彻尾不该发生的一次战争，集中折射出秦穆公第二型人格的短板。

但剧痛之后的秦穆公，却又把第二型人格的优点，发挥得淋漓尽致。

侥幸逃脱异国囚徒的命运，但孟明等三人的心情怎么也好不起来。返秦之后，国君秦穆公会怎样处置他们呢？秦国人会怎样对待他们呢？毕竟，损失的是一整支军队。

而且尤其尴尬的是，自己不是秦国人！

可以想象，从晋返秦的漫漫长路上，三人的心里惴惴，五味杂陈。

但是，事情完全出乎他们意料。《左传·僖公三十三年》：

秦伯素服郊次，乡师而哭曰："孤违蹇叔，以辱二三子，孤之罪也。不替孟明，孤之过也。大夫何罪？且吾不以一眚掩大德。"

这一段的意思，目前还存在着争议。争议的焦点在于那个"替"字。另一种说法，是另行句读，并补进去一个"曰"字，变成：

秦伯素服郊次，乡师而哭曰："孤违蹇叔，以辱二三子，孤之罪也。"不替孟明，曰："孤之过也。大夫何罪？且吾不以一眚掩大德。"

"不替孟明"，就是没有免去孟明职务并且任命他人，替成了替换的意思。

事实上，在周、春秋、战国时期，"替"基本都是作为"废、止"之义用，"替换"一般用的是"更"。故此，后一种句读、增字、另解，应该是后人的一厢情愿。

"替"作废止解，还隐藏了另一个信息量：这次军事冒险，孟明几个应该是极力主张的。从后文记载可以看出，孟明急功的毛病非常明显。武夫好战，军事冒险符合他们的职务与性格。

孟明几个，这时候心情是非常低落和忐忑的。好在秦穆公把责任全揽自己身上，用同情心和同理心，给了他们最好的定心丸。

但这事还没完。《左传·文公元年》：

殽之役，晋人既归秦帅，秦大夫及左右皆言于秦伯曰："是败也，孟明之罪也，必杀之。"秦伯曰："是孤之罪也。周芮良夫之诗曰：大风有隧，贪人败类，听言则对，诵言如醉，匪用其良，覆俾我悖。是贪故也，孤之谓矣。孤实贪以祸夫子，夫子何罪？"复使为政。

秦国大夫及秦穆公的左右都认为崤之战的责任在于孟明，一定要杀掉他。秦穆公还是旗帜鲜明地为孟明辩护，把责任揽在自己身上。坚定不移地让孟明继续统兵。孟明可能急功的老毛病又犯了，也可能是太急于报答秦穆公和报复晋国……于文公二年领兵攻打晋国，双方在彭衙会战。秦军再次战败！孟明该怎样面对秦穆公？秦穆公又会怎样对待孟明？

秦穆公一如既往！《左传·文公二年》：

秦伯犹用孟明。孟明增修国政，重施于民。赵成子言于诸大夫曰："秦师又至，将必辟之，惧而增德，不可当也。"

再次失败与秦穆公一如既往的信任，让孟明沉静了下来，完成了从一个纯军事将领，到有治国强军意识的政治人物的角色升级。

对手的观点，往往最具客观性——赵衰就毫不讳言地告诫晋国大夫们：秦军必定再来！再来必定锐不可当！

孟明最需要的是什么？是信任！时间！机会！

秦穆公可能比孟明还清楚他的需要，并且，非常乐意满足孟明的需要。

赵衰的判断是对的！秦军果然又来了！《左传·文公三年》：

秦伯伐晋，济河焚舟，取王官，及郊。晋人不出，遂自茅津济，封殽尸而还。遂霸西戎，用孟明也。

秦穆公作为一个自然人，确实挺可亲可爱的；但作为秦国的"法人"，却很不合格。

秦穆公最大的硬伤，在于全局战略思维的欠缺。当时的齐、晋、楚、郑……甚至像鲁这样高举"礼"的旗帜的小国，都自觉或不自觉地践行国家主义，也就是本国利益最大化。内政外交基本都以本国利益为锚定核心。

唯独秦穆公，却还停留于和谐社区的心理，停留于好街坊好邻居、"你大爷还是你大爷"这样的人设。

晋国高层具有非常清晰的共识：秦国不可以强大，否则不符合晋国的利益。所以，晋国是利用一切可利用的机会，打压秦国。秦国若非得益于战略纵深和易守难攻的地利，被晋国攻灭不是没有可能。

站在秦国角度，也是一样。只要晋国稳定而强大，秦国就永远没有机会。出师勤王被遮断、远征郑国被截击，这都是实例。所以，一个动乱、衰落、分裂的晋国，才符合秦国的战略利益。

夷吾、子圉因为不得人心，治下的晋国开始乱象丛生，再加上自然灾害，晋国衰落应该是不可避免的。秦穆公对此应该喜闻乐见才是。纵然你要恪守德与礼的信条、维护君子人设，那至多也是各人自扫门前雪，不趁势攻打或阴谋颠覆，就是君子、好邻居了——没人叫你主动地、不遗余力地支持晋国啊。

秦国对晋国最大的、最重要的支持，是给晋国送去了一个明君晋文公。晋文公让晋国重新团结，国力更加强大，最终继齐桓公之后，成为霸主。

而秦国，还是只能更长时间憋屈在西边一隅。地处偏远，直接优点是不易受攻，最直接的缺点，则是人才困境。好比现在给你这么个课题：吸引高端人才，内地二三线城市，如何与北上广深竞争？当时秦国缺人才，尤其缺高端人才。百里奚和蹇叔，虽有过人之处，但全局视野依然短视。郑国随随便便从城墙吊下去一个烛之武，寥寥数语，全说在点上，和蹇叔的劝谏比起来，高下立判。秦国越是缺人才，秦穆公越是糟蹋人才——在生命的终点，最后还坑了秦国一把。

生命即将结束，人通常会卸载所有社会化外壳——也就是卸下所有盔甲、面具、伪装——这也是“人之将死，其言也善”的由来。

到达生命终点，秦穆公第二型人格的操控欲已不再隐藏于潜意识。秦穆公，这位处处为他人着想，总是委屈自己奉献他人的君子长者，突然像变了个人。

“你大爷，也不再是你大爷了！”

秦穆公让一百七十七人为他殉葬，其中不乏贤良，以子车氏三兄弟为最。《左传·文公六年》：

秦伯任好卒。以子车氏之三子奄息、仲行、针虎为殉。皆秦之良也。国人哀之，为之赋《黄鸟》。

《黄鸟》诗在《诗经·国风·秦风》。其《序》曰：“哀三良也。国人刺穆公以人从死而作是诗也”。左丘明借“君子”之口，很不客气地对秦穆公盖棺定论：

君子曰：“秦穆之不为盟主也，宜哉。”

缘由就是，秦穆公让人殉葬这件事：

今纵无法以遗后嗣，而又收其良以死，难以在上矣。

并对秦的未来局势作了预判：

君子是以知秦之不复东征也。

当然，秦后来还是东征，并且尽扫六合，但那确实是很久以后的事了。

三　第三型人格：杠杆

王阳明："我有很好的杠杆！一直都有。可惜！总是遇不到理想的支点……"

王阳明

明嘉靖七年（1528年），十一月廿九，晨。时已仲冬，朔风凛冽，天地一片肃杀。周积听得老师有召，赶忙前来，却见王阳明此时难得不咳不喘，双目微闭，呼吸平缓，似乎正在小憩，遂伫立静候，不敢惊扰。许久，王阳明才睁开双眼，看着周积，平静地说道："我要去了！"周积泪如泉涌，强问道："先生可有遗命？"王阳明微微一笑，说道："此心光明，亦复何言！"言罢，缓缓瞑目，溘然长逝。

王阳明微笑，说"此心光明"的最后时刻，心里究竟是怎样的？

我们如果直接写"王阳明心里如何如何"，那是小说、传记。而事实是，王阳明心里所想，我们不得而知。任何代言式笔法，严格来说，都属僭越。但我们可以根据心理行为规律进行推理、判断。

推理判断的落脚点，能且只能是王阳明最后的那句话——"此心光明，亦复何言！"

这句话的中心关键词，则在于"光明"。

空气重要吗？非常重要！重要到片刻不可或缺。

可是，通常没有谁，会把心念特地放空气上——因为空气始终不缺。始终不缺，就成理所当然；理所当然，心念就不会转到上面去。

什么情况下会起心动念呢？

缺失——当下缺失，或者记忆中的缺失，或者假想中的缺失。

临终遗言"此心光明"，是不是恰恰折射出"无明"，亦复如是呢？

这里说"光明"的反面，绝非通俗意义上的内心阴暗，王阳明终其一生，善良、正直、坦荡、智慧。

学术商榷归学术商榷，现实中，王阳明的人品、官品，均无可指摘之处。

"光明"的反面"无明"，既指遗憾，也指不究竟。

近代学者释太虚认为，"惟阳明生平有二遗憾"，《王阳明与新中国哲学》：

一、历遭刘瑾、许泰、江彬、张忠、杨廷和、桂萼群小之障，曾不得一中资之君相辅宰，使能如王安石、张居正得君当国一二十年，则伊尹、周公之盛治不难重见明季，而国运亦或为之一变。但虽不得君，其于立德、立功、立言亦差可同于孔子，而为弟子等均所不逮，立言虽不逮孔子，而立功则过之也。

二、出征方捷，遽殂道途，使其退归乡里，能齐孔子之寿数，则必能裁其门弟子之狂狷者驯致中行，则立言亦可上跻孔子。不惟不致有末流之弊，且可能引三派学说均衡发展，使中华民族文化垂统继世而发扬光大也。

太虚的概括，可谓一语中的。

王阳明的第一个大遗憾，可以说是时也、命也、运也，难逢明主，却尽犯小人，又碰不上大倾覆大变乱之时势，客观上具有一定偶然性。

却也不能全推给客观偶然性。王阳明的行为模式，已经前置性决定了他仕途的阻断。

权臣换了一茬又一茬，为什么无一例外都采取贬抑乃至于诋毁的立场？

因为王阳明太卓越、太干净！

首先，如果不加以阻断，皇帝与王阳明直接互动，那么，王阳明的卓越，岂不是衬托出大臣们的平庸？

其次，王阳明的卓越与干净，在掌权者（包括皇帝与权臣）的角度，被视为一种危险威胁也是非常符合情理的。

文能立言——弟子门生趋之若鹜，且不同于佛、道之在野淡泊，弟子门生以行政官吏为主，一旦掌权，极易形成强大的派系力量。

武又能立功——宁王谋反，蓄谋已久，数万精兵强将，眼见一场浩劫，却被势单力孤的王阳明举重若轻，火速平定……假如有朝一日王阳明反呢？谁能抵挡他！

操守能立德——王阳明所到之处，廉洁平易，都深得百姓、士卒及基层官吏的爱戴。《明史》卷一九五《王守仁传》：

行至南安卒，年五十七。丧过江西，军民无不缟素哭送者。

可见王阳明何等得人心！如此得人心，不能不让一些人想起当年那位

“大贤”王莽……

从被推崇程度与被推崇角度而言，后世最接近王阳明的，应该是曾国藩了。曾国藩也立功、立德、立言，立德立言不如王阳明，立功却胜之。

论学术上的天赋资质，曾远逊于王。但曾的政治智慧，又是王所不能及的。

曾国藩之所以得以大展手脚，源自大清实际掌权者——慈禧太后，连同整个满清统治集团对他的信任。

曾国藩何以始终被信任，恰恰因为他既不够卓越，又不够干净。

曾国藩少年、青年，一路走来，就没出彩之处。成立湘军跟太平军作战，初期基本是屡战屡败、屡败屡战，一副被石达开吊打的态势。好在后来太平天国内斗，自乱阵脚，石达开出走，形势才逐渐好转。

与王阳明爱惜名节、深得民心不同，曾国藩对名节则是有意加以自污，甚至自毁。

湘军动不动就屠城与劫掠，完全是曾国藩默许所致。如果曾国藩真的严令禁止，“违令者，斩！”，再桀骜的军头，也是不敢拿自己脖子上的人头对赌的。

曾国藩眼睁睁看着自己变“曾剃头”，这无疑是痛苦的，但是没办法，要消除上面的猜忌，代价总是难免。

曾国藩与王阳明很鲜明的区别还有一点：曾国藩成型了一个班子，左宗棠、李鸿章、曾国荃、胡林翼等，官阶虽低于曾国藩，权限上一段时间内也受其领导，但其实都独当一面，各自成小体系。王阳明本人身后，则是断崖式下降，直到他的学生这个群体。转化成地理视觉，就是王阳明一个人孤峰傲立，曾国藩与若干精英则形成山脉。

这就是第六型人格曾国藩，与第三型人格的典型区别所在。

王阳明缺少比肩的结盟力量，也没有哪一股力量向他伸出结盟之手，第三型人格的个人英雄主义，以另一种方式在王阳明身上体现。

这里有一个大“坑”需要说明——拿曾国藩来比对王阳明，并不是褒彼贬此——恰恰相反，两人的比对，体现出王阳明更善良、更仁厚、更干净。

更不是以结果导向来主张竞劣，而非竞优——唯成败论英雄，只要能成功，不在乎比谁更坏。

我们能做的，只有尽可能客观、理性地对伟人生前的行事风格作一个“复盘”，总结得失所在，分析顺逆缘起，以达到借鉴来者的目的。

王阳明无意识造就的骑墙情势，直接招致了第二个大遗憾。

王阳明的第二个大遗憾，即过早辞世，这点则不能甩锅给客观偶然性，而完完全全是王阳明自己造就的一次必然性——也可以说，是王阳明的第三型人格行为模式的一种必然。

朝廷征召，王阳明抱病在身，是完全可以推辞的。而且这推辞不仅不是逃避，而是一种负责任的态度。否则，战争紧要关头，主帅突然病逝，军心大乱，敌方趁势掩杀，后果不堪设想。

王阳明逝世时，年五十七。

五十七岁！正是学术研究的黄金年龄。锻炼淬火、去芜存菁正当时——王阳明早逝，不能不说是学术界的巨大损失，令人扼腕叹息！

王阳明自己无意识造就了骑墙情势，指的是他自我战略定位及目标有问题。

曾国藩不具备可比性。但对于仕途，相对更智慧的“打开方式”，客观上还是存在的——就是如孔子所言：“天下有道则见，无道则隐”“邦有道，则仕；邦无道，则可卷而怀之”。

王阳明应该推辞的理由，有以下几点：

首先，王阳明对于自己的战略定位，应该清晰而且唯一，就是立言！也就是学术研究与教学。事实上，立言这事，如果做好了，本身不也是立功、不也是立德吗？

学术圆融无碍，门墙桃李茂盛，谁敢说不是功、德？

其次，行军打仗，年轻时适逢其会，也就罢了。如今不一样，身体、精力、时间日渐稀缺，都应该合理配置。

最后，如果真是社稷将倾、民族危亡、生灵涂炭的关头，那挺身而出，舍生取义，虽千万人吾往矣，自然无话可说……可是这次出征，却是到边远山区平贼。这种事，对于大明帝国，不啻于手足癣疥，鸡毛蒜皮，一般的军事将领足以胜任，何劳你王阳明一个病中之人？

郁闷的是，对手都是什么样的人呢？一群草寇山贼，原本大都黔首草民，既非大奸大恶，又无大才大略，岂堪一击，胜之不武。一场没有对手，或者说没有像样对手的竞赛，何等无趣不值。倘若能如邓艾之于姜维，兀术之于岳飞，输赢都精彩，倒不令人郁闷。

王阳明自己也很清楚：这些被剿杀的贼寇，不乏安分守己的良民，或被官逼，或被贼迫，裹挟为寇而已。至于官军阵亡的将士，就更不用说了。

王阳明内心强大，但内心强大不等同于内心冷硬，相反，始终清醒明白而又善良仁厚的王阳明，面对死伤，内心悲悯郁结，自是难免！

朝廷拿一位大宗师当廉价“创可贴”，随用随扔——客观来说，这不是朝廷的问题，而是这位大宗师的问题——你非要进入体制，那么，你是大宗师还是“创可贴”，定义权就不在于你了。

既是大宗师，又是“创可贴”，这就是“骑墙”。

智慧如王阳明，何以如此“骑墙”？

智慧通常作用于意识，人格性格则作用于潜意识。潜意识对于一个人思维模式、行为模式的决定性作用，平常时候，小事情，可能不大体现。但关键时候、大事情，潜意识往往胜于意识起作用。

王阳明的“骑墙”是潜意识的。他的潜意识给他设置了一个值得怀疑、而又从未怀疑的前提：无条件接受任务。

第三型人格的思维，基本都是正向思维、进取思维与愿景思维，只有“加速档”没有“倒车档”。不是说第三型人格完全没有风险思维，而是风险思维习惯性被潜意识所压缩，甚至屏蔽。

此外就是第三型人格的“最优秀”执念——我行！我任何时候都行！在我

的字典里，没有“不行”这两个字！

第三型人格一般都是天生工作狂，现实中经常出现工作过载、身体透支而最终崩溃的人生悲剧，这点需要足够警觉。

王勉三先生在《王阳明生活》中，对王阳明的“工作狂”有传神描述：

阳明因见病已痊，对于医生的叮咛嘱诫，早已遗忘。自从造威宁伯的坟，勤督过度；又加以奉旨往淮甸审理重囚，沿途冲风冒寒，辛苦自不待言；复以审判时用心太过，以致旧疾又复萌芽。更以回到京师，呕心血，绞脑汁的争词章之雄；在日里要治理案牍，晚上又要燃灯攻读五经，及先秦两汉的书史。龙山公（王父）也曾屡屡教他不可过劳，并禁止家人，不许书室里置灯；但是每等龙山公一就寝后，依然还是燃灯重读，每每读到夜深人静，还是未曾去睡。照这样长此下去，就是再强健无病的人，也要生出病来。

——王勉三先生是民国时期研究王阳明的著名学者，其《王阳明生活》一书，“根据典籍”，“选择至为谨严”，被后来出版的许多重要的王学著作广泛征引。

第三型人格的目标感非常强。《王阳明年谱》：

成化十九年癸卯，十二岁，京师。请教老师：“何为人生第一等事？”师说：“读书登第，汝父也。”“先生说恐未是，当读书做圣贤耳。”

仅凭王阳明当时这句话，就套上“第三型人格目标感”而把王阳明判断为第三型人格，是不合理的——童年有梦想再正常不过！哪个人的童年没有梦想？童年梦想不是第三型人格的专利。

但时间轴把王阳明不同于一般人的目标感凸显了出来。王阳明的初心居然终身未变。“做圣贤”由梦想而理想，由理想而目标，越来越现实、越来越具体……最终，王阳明真正实现了童年定出来的目标。

朝着目标前进的路上，第三型人格是勇猛精进的。王阳明“格竹致病”，就是一个非常典型的事例。这种选定标杆不假思索猛冲的习惯，最大限度遮障了第三型人格的聪明才智。出现聪明人干出糊涂事的情况。比如前文的隋炀帝，也犯过很多低级错误，根本就不像他们这样智商水平的人做出来的。

第三型人格的潜意识中，“有用”还是“无用”，这是一个至关重要的指标。现实中，第三型人经常快速切换“赛道”，便是在潜意识里受这指标驱动。王勉三先生在《王阳明生活》中有传神描述：

要是说起阳明少年时代的个性，却是一个极矛盾，而又极可笑的。一会儿抱着极端入世主义，一会儿又抱着极端出世主义。一会儿要学文，一会儿又要学武了。一会儿报国心极重，一会儿又一切都不愿管，只抱个人享乐主义，入山修道了。这大概他太富于冲动性的缘故，只要环境一有转换，他便会受这转换的冲动，把原来的宗旨、心情，都给改变了，连他自己都拿不定。

王勉三先生没有猜对，一是王阳明入山修道，不是“抱个人享乐主义”，他依旧是想成为圣贤、宗师；二是王阳明的冲动，转换了“赛道”，但并没有“把原来的宗旨、心情，都给改变了”——驱动王阳明这么做的，是他在潜意识中考量指标：这些到底“有用”，还是“没用”。

这种指标考量，在王阳明退出辞章争锋时的感叹，最为直白。《王阳明生活》：

过了一些时，他才悔悟，同这班人去争词章之虚名，是不对的，而且也没什么好结果的。充其成功，也不过是个晓通词章的文学家，究与自己有何补益？乃叹道：“我焉能以有限的精神，去学这些无用的虚文呢？”

第三型人格的自我防护机制——认同作用，贯穿了王阳明的一生。

童年时候的认同作用，主要在于王阳明快速切换角色并且进入角色。切换到哪一个“赛道”，立即就要争做最好的，并且在外在形象上可以快步跟上，快到几乎是说变就变的程度，《王阳明生活》里说到，王阳明少年时有点儿“少年得志、语无伦次”，即口舌快、善谑、喜作轻薄语。研读圣贤书籍，突然觉得这习惯不好，得改——

他立志改过之后，由是不蹈先前的覆辙了。气质陡然一变，大众都很惊异起来。他们惊异阳明，忽然去了淳于髡、曼倩的谑态，却蓦地带上一副晦庵、伊川的理学面孔了。

口舌快、轻薄语，同时也是第三型喜欢秀自己、做焦点、自我优势意识的另一种体现。

“九型人格”为什么不叫“九型性格”？原因就在于，人格和性格是不一样的。通俗地说，一个人的人格类型。终其一生而不变。而性格却可能在某些特定情况下，出现一百八十度变轨的情况。珠穆朗玛峰顶的雪与南极洲的冰、清晨草叶上的露珠与飞流直下三千尺的瀑布……表现形式千差万别，水却一样是水。

第三型人格潜意识执念，对王阳明最终定位自己的学术流派起到了决定性的作用。王阳明最终将自己的学说归为儒学，主要缘于王阳明潜意识中的“现实”与“有用”的执念。

儒家显然更入世，更积极，既不主张“空”，也不主张“无为”。而“空”和“无为”，与第三型人格潜意识中的积极成就，显然是龃龉的。

但是此时的儒家，已是“前人之述备矣”，难能再有什么新的空间。朱熹的理学，严格意义上也并非创新。王阳明本人对朱熹的理论也不尽认同。

王阳明最终用其他学术体系的语境来阐述和应用孔孟学说，并重新系统化，在教学与实践中，均获得理想的效果——这可能就是“心学”的发轫吧。

一些出自唐、宋典籍中的字句，可以管窥源流。如：“何其自性，本自具足！何其自性，本自清净！何其自性，本不动摇！何其自性，能生万法”“不思善，不思恶，于么时，哪个是本来面目”“兀兀不修善，腾腾不造恶，寂寂断见闻，荡荡心无著”“三界唯识，万法唯心”“心如工画师，能画诸世间，五蕴悉从生，无法而不造”……

人类的智慧是相通的，也是共享的。未必说每一个基础理念，都一定要纯粹原创。

再说，哪来那么多基础理念可供原创！

王阳明的学说体系已成，假以时日，进一步梳理、订正、优化、融会贯通，必定趋于尽善。传道授业则“裁狂狷而致中行”，假以时日，定能培养出根器上佳的传灯人。

亟须发力之际，王阳明却撒手人寰。“此阳明之不幸，亦中国学术文化史之不幸也！”（释太虚《王阳明与新中国哲学》）。

四　第四型人格：歧路

楚庄王走到岐路口，作势欲行，定格了一个背影。

然后转身，回到大路，继续前行。

楚庄王

假想一下，你去报考演员，给你的考题是：你收到一个消息，这消息早就在你意料之内，但你需要表现得完全意外、像晴天霹雳一样。

楚庄王绝对可以得高分。《左传·宣公十四年》里，楚庄王是这样表现的：

楚子闻之，投袂而起，屦及于窒皇，剑及于寝门之外，车及于蒲胥之市。

楚庄王听到消息，一甩袖子，站起来就往外猛冲，毫不顾及打着赤脚、一身居家休闲的着装。随从们赶忙抱着国君的标配行头就追。拎鞋的一直追到寝宫院子才给他穿上鞋子……穿好鞋继续猛冲，拎剑的一直追到寝宫门外才给他佩上佩剑……佩好剑继续猛冲，冲出王宫，车驾一直追到蒲胥街市才赶上他……

楚庄王接到的是申舟的死讯。你别看楚庄王表现得莫名惊诧，好像晴天霹雳，其实这全在他意料之内。如果申舟安然无恙归来，楚庄王反倒有可能莫名惊诧。这样的结果，不止在楚庄王意料之内，也在死者申舟的意料之内。

楚庄王派遣申舟和公子冯分别出使齐、晋，需途经宋、郑。按规矩，需要向宋、郑公开借道。楚庄王却特别要求，不得借道而过，这实际上就是公然挑衅。郑人历来脑筋活络，不会因此开罪楚国；宋人则一根筋，不太会转弯，而且申舟跟宋国原本就有一些场面上小过节，所以申舟说自己死定了！楚庄王说，宋国要是杀了你，我就讨伐它！

果然，脑筋不转弯的宋人，杀掉了申舟。

楚庄王喜欢“装”，但是，他不会无底线地一直“装”下去。面对是非原则时，楚庄王立即退出“装”的机制。虽然这种退出可能让他实利与脸面双重受损，但他也不在乎。

还是申舟的事。

申舟用自己的生命，换来一个楚国征伐宋国的由头。楚庄王出兵，楚强宋弱，战局毫无悬念。但宋也是硬骨头，死守不降。楚围宋已逾九月，粮草将尽，于是准备退兵。申舟儿子申犀到楚庄王马前磕头，说：“我父亲明知必死都坚定执行君王命令，如今君王却要废弃自己的诺言。”楚庄王当场语塞。楚庄王语塞，并不是真的找不到应对的说辞。“王不能答”——非不能也，是不为也！而楚庄王人格的高尚，恰恰就体现在“不能答”。

楚庄王泰然淡定，随机应变，文才口才俱是一流。紧要关头，既有急勇，又有急智，经常把编剧、导演、主演一肩挑了。

比如《左传·宣公四年》，平定凶险的若敖氏之乱：

秋七月戊戌，楚子与若敖氏战于皋浒。伯棼射王，汰辀，及鼓跗，着于丁宁。又射汰辀，以贯笠毂。师惧，退。王使巡师曰：“吾先君文王克息，获三矢焉。伯棼窃其二，尽于是矣。”鼓而进之，遂灭若敖氏。

叛军主帅是斗椒，字伯棼，又称子越或子越椒。成语“狼子野心”，就是斗椒出生时候，子文形容他的，并预言若敖氏将因他而灭。斗椒箭射楚庄王，力道极大，箭掠过车辕、鼓架，钉在了铜钲上。斗椒一箭不中，一箭又出，又是掠过车辕，射中车盖立柱。两箭都险些射中楚庄王。楚庄王的军队被吓到，开始后撤。危急关头，楚庄王命人传话，说是先君楚文王攻克息国的时候，缴获了三支神箭，被斗椒偷去两支，现在两支全用完了，斗椒也完了！于是击鼓进军，大获全胜，就此攻灭了若敖氏。

能编、能导、能演，楚庄王充分发挥自己的这个天赋，受益匪浅。

春秋时期，君王的权威与安防，远不如后世那么森严。君王被弑，纵览整个春秋时期，比比皆是。

某件事很常见，也就间接说明，这件事是一件很容易的事。

楚庄王即位时，不到二十岁。而此时楚国形势复杂，暗流汹涌，爆发了公子燮与公子仪的叛乱，其他一些贵族都不怎么老实。楚庄王想要有所作为，就必须收拾这些人。但这些人或多或少都掌控着一定的资源或力量，一个不慎，被反噬不是没有可能。于是，楚庄王开始了一场经典的演出，《史记·楚世家》：

庄王即位三年，不出号令，日夜为乐，令国中曰：“有敢谏者死无赦！”伍举入谏。庄王左抱郑姬，右抱越女，坐钟鼓之间。伍举曰：“愿有进。”隐曰：“有鸟在於阜，三年不蜚不鸣，是何鸟也？”庄王曰：“三年不蜚，蜚将冲天；三年不鸣，鸣将惊人。举退矣，吾知之矣。”居数月，淫益甚。大夫苏从乃入谏。王曰："若不闻令乎？"对曰："杀身以明君，臣之愿也。"於是乃罢淫乐，听政，所诛者数百人，所进者数百人，任伍举、苏从以政，国人大说。

不飞则已，一飞冲天；不鸣则已，一鸣惊人。楚庄王把自己"装"成好色享乐，颓废无为的"废柴"，不仅骗过奸佞，也骗过忠良，耐心从容地等了三年时间，摸准了形势，看清了敌我，麻痹了对手，最终一举鼎定。

如果说阵前危急与三年隐忍，是客观情势所在，有点不得已为之的味道。另一经典"夜宴绝缨"，就完全是主动自发的本色使然。

楚庄王大宴群臣，日暮酒酣。这时估计是风，把灯烛都吹灭了，刹那间一片漆黑。楚庄王的宠妃正在席间敬酒，有人竟然色胆包天，趁机非礼。宠妃顺手扯下色狼帽缨，摸黑回到楚庄王身边，要楚庄王点亮灯烛，查找色狼。楚庄王却下令："大家把帽缨都扯了，一醉方休！"然后才重新点亮灯烛，接着喝，君臣尽欢而散。

这事没完。

三年后，楚晋交战，一位将军出了奇地拼命，总是冲在最前，"五合五奋"，楚军因此获胜。楚庄王觉得纳闷，就问这位将军，平时并没有特别眷顾你，你怎么这么拼，难道真的一点都不怕死吗。

将军告诉楚庄王，自己就是三年前夜宴上的绝缨之人，原本难逃死罪的，楚庄王不仅饶了命，重要的是还顾全了自己的面子，避免当众受辱，自己三年来，天天就想着上战场时肝脑涂地，血战到底，来报答楚庄王的恩德。

楚庄王是宽宏大量的。但他不假思索的行为模式深处的心理模式，却不仅仅是宽宏大量。

如果只是宽容，那不追究、不怪罪，也就够了。

如果只是大量，那个谁，你喜欢这美人是吧？没问题，我把她赏赐给你！

如果只是宽宏大量，不会起心动念下令全体绝缨，让犯事者彻底隐藏于人群。

这里有几个混合动因：在宽容、善良这些人类共性美德之外，还有第四型人格特有的一些个性：刻意优雅、戏剧性、独特性、悲悯、容易感知他人的痛苦。

——这些第四型特质，在楚庄王身上常有体现。

最优雅的放肆，应该是“问鼎”。《左传·宣公三年》：

楚子伐陆浑之戎，遂至于雒，观兵于周疆。定王使王孙满劳楚子。楚子问鼎之大小、轻重焉。

这就是“问鼎中原”这个典故的出处。楚庄王对权力、对美色，一样是有欲望的。他始终也不隐藏、不讳言。但是，他采取了委婉优雅的做法——好像漫不经心地，问鼎。

好在王孙满也不俗，闻弦歌而知雅意，当即回以“在德不在鼎”，从而让这次对话成为经典。假使换一个愚钝的，认认真真答题：“不太清楚喔。远远目测，长宽四尺、高六尺吧……几斤重就真不知道了，没称过。”那就索然无味了。

发生于成公二年（前 597 年）的邲之战，应该是楚庄王乃至楚国在整个春秋时期最重要的一次大战役。楚军击败晋军，一雪城濮之战的前耻，在中原争霸中占据上风。楚庄王也由此一役，奠定了“春秋五霸”的地位。

战胜如此强大的敌手，赢下如此重要的战役，换成谁，兴奋激动是再正常不过的。于是就有人提议楚庄王修筑武军、京观，以纪念武功，传示后世。

京观其实就是一个超级大坟墓——把敌军尸体收集一起，堆成一堆，用土封实，成为一座高台，登顶可观四方。

楚庄王否决了这个提议。《左传·宣公十二年》：

丙辰，楚重至于邲，遂次于衡雍。潘党曰：“君盍筑武军，而收晋尸以为京观？臣闻克敌必示子孙，以无忘武功。”楚子曰：“非尔所知也。夫文，止戈为武。武王克商。作《颂》曰：‘载戢干戈，载櫜弓矢。我求懿德，肆于时夏，允王保之。’又作《武》，其卒章曰‘耆定尔功’。其三曰：‘铺时绎思，我徂维求定。'其六曰:'绥万邦,屡丰年。'夫武,禁暴、戢兵、保大、定功、安民、和众、丰财者也,故使子孙无忘其章。今我使二国暴骨,暴矣;观兵以威诸侯,兵不戢矣。暴而不戢,安能保大?犹有晋在,焉得定功?所违民欲犹多,民何安焉?无德而强争诸侯,何以和众?利人之几,而安人之乱,以为己荣,何以丰财?武有七德,我无一焉,何以示子孙?其为先君宫,告成事而已。武非吾功也。古者明王伐不敬,取其鲸鲵而封之,以为大戮,于是乎有京观,以惩淫慝。今罪无所,而民皆尽忠以死君命,又可以为京观乎?"

作为战胜者,楚庄王表现出的不是自得,而是自责:"今我使二国暴骨,暴矣!"悲悯苍生之心,跃然纸上。楚庄王认为,"止"和"戈"组成"武"字,所以用战争遏制战争。武有七德,自己一德都没有,怎么还好意思昭示子孙呢?楚庄王谦虚了。

其实,不筑武军、京观,楚庄王潜意识里还有另外一动因:打了胜仗就兴高采烈,筑起高台来纪念胜利,太俗了吧?其他人这么做,我也这么做,我和其他人还有什么区别呢?

——第四型人格的刻意优雅与独特性!

其实,打了胜仗的楚庄王心情是不错的,所以难得一口气说了这么多,且引经据典,文采斐然,字字珠玑,难得的高远脱俗。

"春秋五霸"中,最具有文艺范的霸主非楚庄王莫属。

但是楚庄王没有留下文学作品,这甚是可惜。但这也从侧面说明,楚庄王第四型人格的自我防御机制——内投作用,大部分时间都没有启动。

内投作用,就是把外部世界投射到内心,轻则容易触景生情、伤春悲秋,重则容易变得活在自己内心世界里,与客观现实脱离。

自我防御机制通常是在遭遇压力、危险、逆境或性格健康度下降时启动。所以,可以看出楚庄王性格的健康与成长性。

楚庄王的优雅、悲悯,时常可见。比如《左传·宣公十二年》:

十二年春,楚子围郑,旬有七日。郑人卜行成,不吉。卜临于大宫,且巷出车,吉。国人大临,守陴者皆哭。楚子退师,郑人修城,进复围之,三月克之。

楚庄王伐郑，围城十七日。郑君臣占卜，哭拜于祖庙，全城皆哭，守城的士兵也都哭了。楚庄王下令暂停攻打、全军后撤。郑国人趁机修复城防，楚军回来继续围城，三个月后攻下郑国。郑襄公袒露肩背，牵着羊，迎接楚庄王，并作了一通声情并茂的哀告。哀告有效，楚庄王没有采纳左右的劝阻，主动退兵三十里，并答应了郑国的求和。

前面说的围宋的事——楚庄王本打算退兵，申舟的儿子马前磕头，楚庄王也觉得不好意思食言于逝者，于是继续围宋。但是最终，楚庄王还是网开一面。《史记·楚世家》：

二十年，围宋，以杀楚使也。围宋五月，城中食尽，易子而食，析骨而炊。宋华元出告以情。庄王曰："君子哉！"遂罢兵去。

《史记》与《左传》在围城的时间上有出入，按《左传》记载计算，是九个月。《左传》基本都精确到具体月份，故可信度更高。

不管是五个月还是九个月，总之，长时间的围困，宋国都城粮食消耗殆尽，饥饿的民众挣扎在死亡线上。为了活下去，竟然出现了"易子而食，析骨而炊"这样惨绝人寰的事。宋派人向楚庄王告以实情，楚庄王尊重宋人硬气，更主要的是怜悯生民痛苦，于是罢兵班师。

至于申舟的儿子，楚庄王自然是做了安抚，并很可能在官爵上给予补偿。

第四型人格的成长方向是第一型，成长的第四型人格，会体现出很多第一型人格的优点。这个规律在楚庄王身上，主要体现于他的敬业、勤政、公德、法度，以及谨慎、注重细节、尊重客观规律。来自对手的评价，通常是最中肯的。邲之战前夕，晋军统帅们对于战还是和，出现意见分歧。

郑人唆使晋与楚战，说楚军骤胜而骄，且出征日久人疲马乏，又没什么防备，必败无疑。先縠被郑国人说动，跃跃欲试，决心要毕其功于一役。栾书却泼了一瓢冷水："楚君在国，从不放松治国，教导国人牢记人生之艰难、灾祸之无常、戒惧之不懈；在军，从不放松治军，一再告诫将士，没有永久的胜利，纣王百战百胜，最终亡国绝后；还用先祖筚路蓝缕、艰辛创业的事迹，教育国人克勤克俭、戒骄戒躁，所以，不能说楚军获胜就是骄兵。楚君亲兵的战车，分为左右二广，右广在鸡鸣时驾车巡查，直到日中，然后由左广接替，直到黄昏。夜里则由领导层专人轮流值班，以防应急，故不能说楚军没防备。郑国来劝我们与楚交战，不过是希望局势明朗化，从而降低自己两边下注的成本而已。”栾书对楚庄王的了解非常细致，评价也极高。事实证明，栾书是对的。从栾书的话侧面可以看出，楚庄王对于振兴楚国，确实做了不少工作。这些工作都极有法度，而且非常细致，并能够持之以恒。

第四型人的表演能力在九种人格类型中是最强的。第四型人基本可以无死角胜任扮演每一种人格类型，而其他人格类型就不具备这一优点。

但是，第四型的演技好，却更多在于表演艺术本身，享受表演过程中的戏剧性和场景感……即为了表演而表演，而非为了个人利益而表演，沽名钓誉什么的。

这一点，对于健康的第四型人格，尤其明显。比如楚庄王。

楚庄王很“装”、很“作”，但他没有用“装”“作”来利己。相反，他完全可以粉刷自己形象的时候，他却选择了本色、率直或者低调。比如，“问鼎”，毫不掩饰自己的权力欲，就招来后世儒生们“乱臣”“奸雄”的一片骂声。又比如，伐陈，想纳夏姬，原本高举主持公道的旗帜，差点变成兴师动众，为的却是一个女人，而且是出了名淫乱的女人……实在想纳就纳呗，也不是什么大不了的事，却又遇谏即止。再比如，申舟之子跪拦马首，以言语挤兑时，“王不能言”。还比如，“夜宴绝缨”，如果不是三年之后绝缨者自己“浮出水面”，没有人知道楚庄王在那须臾黑暗之中，做了如斯善举。

……

楚庄王是很在意规矩的。但是在《说苑》里面，却被背了一个黑锅，说楚庄王竭尽民力，兴建高台，且滥杀进谏的大臣，足足杀了七十二个。那时候人才是非常匮乏的，杀了七十二个，楚国朝堂应该都空了。这时有个名叫诸御己的农夫求见楚庄王——

庄王谓之曰："诸御己来，汝将谏邪？"诸御己曰："……窃闻昔者虞不用宫之奇而晋并之，陈不用子家羁而楚并之，曹不用僖负羁而宋并之，莱不用子猛而齐并之，吴不用子胥而越并之，秦人不用蹇叔之言而秦国危，桀杀关龙逢而汤得之，纣杀王子比干而武王得之，宣王杀杜伯而周室卑；此三天子，六诸侯，皆不能尊贤用辩士之言，故身死而国亡。"

看到谬误了吧，"吴不用子胥而越并之"——跟伍子胥同一个时代且恩怨纠纷的，是楚庄王的孙子楚平王。楚平王是一个典型的败家子。导致伍子胥出逃吴国后来又打回来，遭伍子胥掘墓鞭尸的就是他。楚庄王是楚平王的祖父，庄王近臣伍举则是伍子胥的祖父。楚庄王与楚平王之间，还隔着一个楚共王和一个楚灵王。

这种谬误倒在其次，关键是，豪奢与滥杀，根本就不符合楚庄王的性格。

关于楚国建筑高台，倒是另有一段记载。《国语·楚语上》：

灵王为章华之台，与伍举升焉，曰："台美夫？"对曰："臣闻国君服宠以为美，安民以为乐，听德以为聪，致远以为明。不闻其以土木之崇高、彤镂为美，而以金石匏竹之昌大、嚣庶为乐；不闻其以观大、视侈、淫色以为明，而以察清浊为聪。先君庄王为匏居之台，高不过望国氛，大不过容宴豆，木不妨守备，用不烦官府，民不废时务，官不易朝常。问谁宴焉，则宋公、郑伯；问谁相礼，则华元、驷騑；问谁赞事，则陈侯、蔡侯、许男、顿子，其大夫侍之。先君以是除乱克敌，而无恶于诸侯……"

楚庄王的孙子楚灵王建造了章华台，和伍子胥的爷爷伍举一起登台，得意地问："这高台美吧？"伍举借题发挥，认为国君的美、乐、聪、明，应该在于形而上的德行，不在于形而下的土木工程和声色犬马。接着伍举把楚庄王作为正面案例，说先君楚庄王建造的匏居台，既不高，也不大，没给国家和人民增加什么负担，诸侯国君和各国知名士大夫却乐意前来，欢宴于台上。先君就是如此以德服人，除乱克敌……

——这才符合楚庄王的性格，才是楚庄王的行事风格。

五　第五型人格：担子

宋徽宗左右摇摆，努力躲避着担子。

康熙没有躲避，挑起担子就走。
一挑就是六十年，一直到路的尽头。

宋徽宗

万历皇帝即位时年仅十岁，还是一个不通世事的小朋友。内阁首辅、大学士张居正亲自编撰了图文并茂的少儿读本《帝鉴图说》，专供小皇帝学习。

这部《帝鉴图说》的指导思想十分明确，就是“视其善者，取以为师；视其恶者，用以为戒”。收录的皇帝善举有七十二项，宋朝占十六项——宋太祖五项、宋太宗两项、宋仁宗九项；收录的皇帝劣行有三十六项，宋朝占三项——全部是宋徽宗的。

靖康元年（1126 年）二月，获得初步勒索协议的女真人回撤。大家紧绷的神经都放松了下来。大宋京城开封府依旧繁华如昔。

正月离开京城，南巡浙江的宋徽宗，收到儿子宋钦宗的信后，回到了京城。“南巡”是体面上的说法，真实情况是逃跑——为了逃避金人兵锋。

十月初十是宋徽宗的生日。皇帝的生日都是作为法定节日来过。徽宗生日是为“天宁节”。钦宗带着几位核心大臣到徽宗住的龙德宫，为太上皇祝寿。

徽宗原本情绪非常好。但情绪这艘小船，说翻就翻了。《三朝北盟会编》卷五十七：

至是天宁节，诣龙德宫上寿，上皇满饮，乃复斟一杯以劝上。而大臣有蹑上之足者，上坚辞，不敢饮而退。上皇号哭入宫。

《三朝北盟会编》说是钦宗本来要喝，有大臣在桌子底下踢钦宗的脚，估计是警示小心有毒什么的，于是钦宗就死活不喝了——有理由怀疑，这是为拒饮这一失礼行为打圆场而虚构出来的：皇帝参加太上皇庆生寿宴，这不是普通人聚会，乱哄哄围坐一桌。君臣之间，是有一定距离的。作陪的几个都是文臣，做不到不动声色就远距离、力道恰好地踢当今皇上的脚。场面僵住，钦宗起身告辞，徽宗则一路大哭着跑进自己寝宫。

这应该是史书有载的宋徽宗唯一的一次情绪崩溃。后来的经历更苦毒，但也没有关于徽宗失态的记载。

徽宗的伤心是很容易理解的——异族长驱直入，兵临城下，自己仓促内禅，标志着作为一个皇帝的失败；而眼前的这杯酒，则标志作为一个父亲，也是失败。

这是徽宗在自己国土上过的最后一个生日。女真人去而复回，于次年，也就是1127年，攻陷开封，掳走宋徽宗、宋钦宗，以及所有在京的宗室成员和其他人员共四千多人，是为“靖康之难”。

从此，宋徽宗作为亡国囚俘，飘蓬于敌国苦寒之地，饱尝了屈辱与凄苦，于1135年客死异域，享年54岁。

现在普遍的观点，都是把靖康之耻、北宋之亡的责任，锚定了宋徽宗。亡国的原因主要是宋徽宗玩物丧志、铺张浪费，为奸臣妖道所蛊惑，以至于国家纲纪混乱、帑藏耗竭、兵备松弛、民怨鼎沸，遂为女真所趁。

虽然北宋亡于靖康，但使用靖康年号的宋钦宗，谁都知道是宋徽宗见势不对，临时强行推上皇位的，更多有“接盘侠”的意思。宋钦宗——当时的太子，自己也心如明镜，当时死活不接——不是作秀，而是真心不接，挣扎非常激烈。为了躲避为他穿龙袍，不惜“举体自扑”，也就是赖到地上。徽宗说，你不接就是不孝！太子马上反驳，我接了才是不孝！徽宗叫来皇后，看儿子是不是听妈话……还是油盐不进！

于是不管愿不愿意，让内侍“扶拥”太子去福宁殿即位，太子这时候的挣扎是最激烈的，就是不去。内侍接的是死命令，“扶拥甚力”，太子用尽全力挣扎，甚至虚脱休克了过去……

北宋亡国的直接责任人和主要责任人落定在宋徽宗身上，这一点通常没有什么异议。

但如果话说到这里就完了，那其实宋徽宗还是挺冤的。

说宋徽宗因为个人兴趣爱好而耗费大量国家钱财，这是明显不符合常识。宋徽宗备受诟病的，也就那几个工程，园林、宫殿而已。平心而论，对于社会经济高度发达、GDP具有一定体量的大宋来说，这么几个工程，放在国家层面确实是小得很。而且，这些工程作为国家形象和文化建设的投入，也未尝说不过去。

如果选择一个词来总结北宋亡国的原因，我会选“摇摆”。

北宋亡国的根本原因，是“摇摆”——致命摇摆。

北宋的“致命摇摆”，始于宋神宗朝。但“摇摆”的缘起，却是宋神宗的上一任——也就是张居正的《帝鉴图说》里一个了占了九项善举、历代交口赞誉的宋仁宗朝。

宋仁宗的宽厚仁慈好脾气是出了名的。仁宗朝政治清明、和平安定，历来为人们所津津乐道。

但是，宽厚仁慈好脾气必定有“硬币的另一面”，那就是太松，反映到治国理政的最为具体的结果上，就是财政开支太大。

其实这不完全是宋仁宗的问题。宋朝的政体特征，决定了这种结果的必然性。

宋仁宗本人是节俭的，财政开支对内主要源于大幅度增加的俸禄与福利性支出，以及军队常备费用；对外则用于赎买和平的费用。俸禄与福利性支出包括前朝（后周）宗室、本朝新增宗室人口、所有去世皇帝的后宫、新增的官吏等。

实际开支远高于实际成本，这里就是腐败的空间了。宽容的政治风气，阳春白雪的文化盛世，酷吏不是主流，纪检与刑罚自然都不那么严苛，违法成本不高，腐败滋生变成一种必然性。具体体现就是军队出现吃空饷、采购出现虚报等。

到了宋神宗时代，财政压力已经成为摆在眼前的问题。于是，王安石变法得以登上历史舞台。

不管如何评价王安石变法，有一个额外副产品却是肯定的：宋朝的政治因为王安石变法，进入党争时代。

党争，就是“致命摇摆”。

王夫之在《宋论》中的说法，对宋徽宗就比较公允：

宋之不靖也，自景祐而一变矣。熙宁而再变，元祐而三变，绍圣而四变，至是而五变矣。

王夫之说的第五变，只是说宋徽宗初登皇位，向太后垂帘听政时期，把宋哲宗时（绍圣）重用的变法派罢黜，保守派起用。向太后死后不久，风向即逆转，变法派蔡京起用，从此保守派遭受持续打压。所以，大的转变应该是“六变”。

大变之中，还有许多小变——比如宋徽宗倚重的蔡京，也遭遇了四起四落。

原本政治上出现派系与争斗，在任何朝代，或多或少都有。但如果出现大规模党争，则破坏性非常大。

最终所有人被迫把站队“押宝”放在第一位，而不是政绩与清廉。因为政绩与清廉，对于一个人仕途的加持还是减分，都已经不是最重要的。最重要的，是你站队“押宝”。押对了，没有政绩与清廉也没关系；押错了，政绩与清廉也没有用。

常规的政争，至多几个当事人失势，政策法令的存续性与连贯性不受冲击，人事体系基本保持稳定，所以不伤国本——比如当初寇准、丁谓之争。

但是党争，就不一样了。一方一旦得势，立马把另一方的政策法令一股脑废除，同时进行人事大换班。另一方如果卷土重来，也是一样做法。

其实，党争出现的根本原因，就是皇权太过弱势。北宋亡后，宋高宗赵构加强皇权，南宋基本就没有出现大规模党争。后世也是一样，党争只在皇帝暗弱或不理朝政情况下才甚嚣尘上。

徽宗时期，不仅没有想办法去减少“摇摆”，反而无意识间加大了“摇摆”——主要体现为“摇摆”更加频繁、涉及的方面更加广泛。徽宗重用变法派蔡京，信任宠幸无以复加，但有意思的是，蔡京居然也四次被贬。而且每次被贬，蔡京主导的政策就废止；每次复出，政策又再次重启。蔡京被贬，是徽宗自我摇摆的外在体现。徽宗对于蔡京的这种矛盾心理，有点像所谓的“贤者时段”，平时高度依赖，间歇性又觉得不能这么依赖，于是就想“戒”掉蔡京，自己勤政。一段时间后，又变回依赖模式，于是马上再次起用蔡京，以及蔡京的政策。

但长此以往，执行层官员，以及广大军民都无所适从。

最直接导致的，就是执行力下降，形成了敷衍搪塞、观望坐等、消极被动、首鼠两端的形势“跟屁虫”作风习惯——突出表现在后来的外交与战争上，直接导致了北宋的覆亡。

这种作风习惯的源头性心理动因，就是不担当！第五型人格属于脑（思想）中心，而且是内化典型。脑活动必定有大量的假设与否定，体现在实践中，就容易变成反复摇摆。行为上的反复摇摆，从社会化视角看，就是不担当。

不担当——这就是宋徽宗个人的主要特质！

潜意识里的逃避担当，让宋徽宗把“非舒适区”的国家治理委以专人，自己躲避到道教、书画、建筑等“舒适区”。然后对被委托人予取予求，呈现出反常的取悦嫌疑。对于委托人提出的明显私心的请求，不作公正裁判，而是一应顺从。

最明显的体现在对“旧党”的打击上不必要的超限。比如，下诏禁毁苏轼文章。

但是，解禁与禁，一样的轻率。

太监梁师成得宠，很多谕旨诏书由他经手，他就挑善于书写的小吏，专门模仿徽宗手书，写好后混杂在真正谕旨诏书中，外面无从辨别。梁师成的文学造诣实在是太低，为了抬升自己，竟然自称是苏轼的“出子”——休弃的已孕小妾所生的儿子。当时苏轼的文章被禁毁，梁师成跟徽宗说：“先臣何罪？”于是苏轼的文章又逐渐复出。

前面启动国家机器，大张旗鼓禁毁，如今一个太监轻轻一句话，国家禁令即消弭于无形。

崇宁五年（1106年），蔡京被罢官，其主导的政策同时被废止。次年复官，政策重启。对于这件事，叶梦得的一句诘问，算是对宋徽宗“摇摆”本质作最直接的点破，《续资治通鉴》卷九十：

以叶梦得为起居郎。梦得附蔡京，得为祠部员外郎。京罢相，赵挺之更其所行；及京再相，复反前政。梦得入对，因曰：“陛下前日所建立者，出于陛下乎，出于大臣乎？岂可以大臣进退而有所更张也！”

叶梦得问得非常直接，也问到了点上：之前的决策，究竟是出自陛下您？还是出自大臣？怎么可以因为大臣的人事调整而跟着调整呢？

这一问，还隐藏了一个悖论：如果是出自陛下您，那政策不应该跟随大臣进废而进废；如果不是出自陛下您，那陛下您岂不是被大臣“当枪使”？

徽宗还真是被“当枪使”。

徽宗被“当枪使”而摇摆反复，还体现在宗教信仰上。《续资治通鉴》卷九三：

乙卯，诏：“佛改号大觉金仙，余为仙人、大士之号。僧为德士，易服饰，称姓氏。寺为宫，院为观，即住持之人为知宫观事。所有僧录司可改作德士司，左右街道录院可改作道德院。德士司隶属道德院，蔡攸通行提举。天下州府僧正司可并为德士司。”寻又改女冠为女道，尼为女德。时林灵素欲废释氏以逞前憾，请悉更其号，故有是命。

徽宗此举，差点加入“三武一宗”，叨陪末座。侵改佛教其实不是徽宗自己的意思，又是林灵素主导，徽宗办事。

几大宗教之间门户争风，历朝历代都有。但是，徽宗完全有现成作业可以抄——唐太宗、武则天们。

唐的国姓是李，为了抬高出身，拉了老子李耳——道教奉为太上老君——作为李家祖上，道教也理所当然被奉为国教。但太宗、高宗、武则天……他们本人又是佛教的“铁粉”，于是，两边兼顾，一碗水端得平平的。

后世康熙，也做得很好。儒释道之外，还加进了来自域外的天主教。

被“当枪使”最为明显的，应该是对所谓元祐党人的意识形态挂帅的追加式政治迫害。这对于国家的精气神，伤害是很大的。

因为以司马光、苏轼等为代表的所谓元祐党人，也就是保守派，先且不论其政见正确与否，有一点应该是不争的事实：这些人的人品、德行、清誉，都是没有问题的。他们也正是依凭自己的问心无愧，占据道德制高点，与变法派口诛笔伐、相互攻防的。

保守派的道德图腾，这不论在朝在野，已经是一种公认事实。而徽宗却依然进行群体性追加式政治迫害，就不能不说是冒天下之大不韪了。

蔡京声称“奉诏”，列出“黑名单”三百九十人，然后宋徽宗亲笔抄写，再刻在石碑上，“置于文德殿门东壁，永为万世子孙之戒”；然后再传令所有州县，都要求刻石立碑。

这里很明显可以看出蔡京泄愤政敌、公报私仇的个人目的，以及宋徽宗被蔡京裹胁当枪使的痕迹。

作为一个皇帝，没完没了纠缠于事已成为往事、人已成先人的前任政见分歧，不仅没必要、没意义，而且显得目光短浅、心胸狭窄。

正确的做法，应该是对事不对人，一分为二看待，政见归政见、品行归品行、文论归文论，而不是全盘否定污名化妖魔化。

何况，政见之事，原本就是不同的落脚点源自同一个出发点。谁都不是主观蓄意恶意地想要搞死国家社稷。做法有待商榷，却不妨碍人品的盖棺定论。

哪怕是一个小小的石刻工匠，都有其主见，《续资治通鉴》卷八九：

有长安石工安民当镌字，辞曰：“民愚人，固不知立碑之意，但如司马相公者，海内称其正直，今谓之奸邪，民不忍刻也。”府官怒，欲加之罪。安民泣曰：“被役不敢辞，乞免镌安民二字于石末，恐得罪后世。”闻者愧之。

“安民泣曰”与“闻者愧之”，足见当时民意人心。

保守派与变法派，分别代表忠直清流型与能臣干吏型，历朝历代都有这两个大类，属于人力资源的客观规律。谁都喜欢诸葛亮、狄仁杰这种既贤又能者，但二者兼具，毕竟不多。最科学的做法，是因岗设人。忠直清流型可用于谏议言官、纪检监察、文教考试、礼仪、治史等，能臣干吏型则用于财政、税收、工程、军事、行政、外交等。

如果以人来比喻，则前者是一个人的精神、品德，后者是一个人的筋骨、肌肉。原本两者都不可或缺，亦不宜偏废。前者泛滥则容易束手缚脚、清谈误国，后者泛滥则容易道德沦丧、腐败横行。

宋徽宗作为最高领导者，应该去制约与平衡这种矛盾，而不是说，逆向激励站队“押宝”的官场文化，并且把自己也“押”进去。

徽宗性格模式中的不担当，导致“摇摆”。而这“摇摆”体现在内政上，就是反复。

比如对哲宗废后孟皇后的态度。孟太后原本被废，住在道观。徽宗继位后，复为元祐皇后。才一年不到，再次被废，又回道观居住。

后来钦宗又打算复孟后之位，来不及下诏京城就被攻破。而孟后因为接连两次火灾，一搬再搬，临时住到一处私宅。《宋史》卷二四三：

靖康初，瑶华宫火，徙居延宁宫；又火，出居相国寺前之私第。金人围汴，钦宗与近臣议再复后，尊为元祐太后。诏未下而京城陷。时六宫有位号者皆北迁，后以废独存。

对于孟皇后而言，这次反复反而是不幸中的大幸——因为没有位号，也没有住在宫内，孟皇后得以避过靖康北狩之祸，且于后来有机会登上政治舞台，两次主持大计、匡扶危局。一枚原本的弃子，却为赵家社稷立了大功劳。孟皇后——应该称孟太后——本人也得以成就生前尊贵、身后哀荣的人生完美收官。

福祸定数，又怎由人算！

一个细节可以折射徽宗的“摇摆”——皇太子的名字。

皇太子总共用过三个名字，依序是：亶、烜、桓。烜改为桓，估计是纠结于八字五行，觉得木比火好，改了。

宋徽宗“摇摆”的内在动机，就是在于不担当。自己不愿挑起治国理政的担子，而对蔡京等产生依赖。潜意识里对于代替自己“挑担子”的蔡京的取悦，不惜违心作为其武器，对保守派进行过度的攻击与迫害。

党争原本就弱化了主流职业道德理念，对作为道德图腾的保守派的过度攻击，进一步引发道德沦丧。

到了北宋末期，道德沦丧已经非常明显，不少官员已经完全没有职业道德这种起码的意识。

内政上的“缺德”，破坏性还不至于太过剧烈而一发不可收拾。但在军事与外交层面，职业道德沦丧就很容易造成不可挽救的恶果。

完颜阿骨打曾经对一件看来毫不起眼的小事表示出特别关注——大宋皇帝对燕京之役畏战脱逃、败事有余的刘延庆，会作怎样的处分。

阿骨打很好奇地问宋使马扩。马扩说贻误军机，必定军法处置。事实上，刘延庆只是走了个形式，继续当他的官，并未受到什么实质性的军法处置。

刘延庆之误，直接的显性后果是贪生畏战，以强负弱，不仅让原本如囊中之物的燕京得而复失，而且损折惨重。间接的隐性后果则有两个方面：一是暴露宋军无能，让金人产生了侵宋的野心、信心与决心；二是郭药师由此产生心理阴影，对于日后叛宋降金，种下动机。

而北宋之亡，单就军事层面复盘，郭药师叛降，无疑有举足轻重之嫌。

关于郭药师,《金史》卷八二的评论极有意思：

郭药师者，辽之余孽，宋之厉阶，金之功臣也。以一臣之身而为三国之祸福，如是其不侔也。

“厉阶”是灾星之意。还有的史料把郭药师比作安禄山，狼子野心，反复无常，云云。

这些观点都存在一定的主观偏颇——或者站在金的角度，或者站在宋的角度，但唯独没有人站在郭药师的角度。

郭药师是一个骁勇战将，同时不乏精明警觉，但也仅此而已。郭药师的骁勇善战，可以由实际战绩说话，谁都无法否认。生在辽长在辽的郭药师，本就不是知书识礼、深谙北宋官场政治的老油子。郭药师有点像电视连续剧《亮剑》中的李云龙，军头草莽作派，回护部下，本位主义……毕竟，你要一个军事将领既能骁勇善战，又可以做“乖宝宝”，那是不切实际的。

郭药师叛辽降宋，再叛宋降金，看似反复，其实却情有可原。郭药师自始至终并没有干掉老大做老大的野心，他只是想找一个靠得住的老大，然后尽心尽力地做好本职工作，图的仅仅是自保而已。

这是郭药师与安禄山们根本区别。

郭药师降宋是真心的，只不过，这心后来寒了。

郭药师降金之后，对攻宋起到积极而重要的作用——这不能怪郭药师，这恰恰是郭药师作为职业军人的职业精神所在。郭药师降宋，不也是铁血丹心，全力以赴？这点可以从郭药师对辽、对金的一次次生死鏖战并逆势取胜的战绩中获得佐证。只不过，宋军的松懈、摇摆、无原则，甚至无厘头，让这个职业军人深感无所适从，最终彻底失望，在可能丢掉脑袋的情势下，不得已降金。

郭药师是汉人，原辽军常胜军将领。因为辽高层内斗，当时驻守涿州的郭药师担心受牵连，于是率常胜军降宋，被编入刘延庆的部队，参加攻打燕京的行动。

想不到第一次协同作战，郭药师就被“放鸽子”，差点丢了性命。

当时宋军兵力十万，而驻守燕京的辽军不过万人，大部分出城与宋军对垒，城内基本空虚。郭药师看清形势，请求亲率精兵五千偷袭燕京，并请刘延庆之子刘光世率兵后继。刘延庆同意了这个作战计划，派高世宣、杨可世与郭药师率兵六千，夜半进袭，拂晓时分从迎春门攻入燕京，郭药师派人招降萧太后。萧太后拒不投降，一边组织抵抗，一边通知城外萧干。萧干急遣三千精兵杀回燕京，里外夹击宋军，双方巷战。事前约好的刘光世后继部队竟然没有如约前来，宋军不支而败，郭药师弃马，从城墙缒下逃生，宋兵死伤大半，高世宣阵亡。

刘光世这样行径，无疑是极为恶劣的！本该按军法严惩，斩首于阵前都不为过。然而因为主帅是其父，也就没事一般。而刘延庆很快就中了辽人简单的疑兵之计，烧营自溃，导致了更大的损兵折将，以及大量的辎重物资损失。

刘氏父子却均无像样的责罚，可见北宋的军纪、国纪，已经松垮败坏到了何等程度。而这件事对郭药师产生的心理阴影，也是可想而知。

郭药师的第二次心理阴影，则是张瑴事件。

张瑴，有的史书写为张觉，此二者，同出而异名——同样的读音，也是同一个人。

张瑴为辽将，镇守平州。眼见高层内斗乱象，知辽必亡，于是拥兵自重。金人招降，张瑴于是降金，被授予显赫的衔职。后又叛金，杀掉金所派的四位大臣，挂起辽主天祚帝画像，朝夕拜谒。但随着辽势复颓，张瑴决定降宋。

宋金盟约里有一条，就是相互都不得招纳对方叛将。如果按照契约精神，则宋应该拒绝张瑴的纳土投降。但是张瑴占据的平、营、滦三州太诱人，宋徽宗在张瑴派来的李安弼游说和宰相王黼的怂恿下，决定背弃盟约，接纳张瑴。与金国直接打交道的赵良嗣，是看得清楚形势的人，强烈反对。但是，不仅反对无效，赵良嗣还被连降五级。

所以，虽然金侵宋，生灵涂炭，这场战争站在汉人立场，自然是非正义的侵略战争。但追本溯源，金还是符合法理的——合同的违约方是宋。金当然有权力追究宋的违约责任。

作为新兴势力，金国此时正好处在上升通道，正是意气风发，牧野鹰扬之时，如何能容忍张瑴的背叛，自然要着手武力征伐张瑴，收回平、营、滦三州。

宋徽宗却对张瑴做了非常骑墙的安排。

一方面，徽宗派李安弼回平州，带去嘉奖和加封张瑴官位的圣旨，又亲笔手书金花笺，交张瑴之弟交给张瑴。

另一方面，却没有下旨给张瑴防区接壤的宋军，刷新情势，以便接应协同之务。负责河北军务的燕京副守詹度，自然执行的是之前的旨意：暗地里招纳张瑴，表面上装作什么事也没有，避免公开违约，得罪于金国；至于金攻张瑴，则“为我之计，正当用卞庄刺虎之术，坐观其变，以为后图”。（《三朝北盟会编》卷十七）。

张瑴兴高采烈地出城迎接圣旨，金人获悉，趁机突袭，将张瑴隔在平州城外。张瑴只好逃窜，圣旨落入金人之手；后张瑴之弟也被金人俘虏，携带的徽宗亲笔手书金花笺，与圣旨“殊途同归”，在金人手中“会师”，成为宋违反盟约的铁证。

徽宗之前有写给完颜阿骨打的亲笔手书信函，如今笔迹赫然，辩解也好，甩锅也好，都没有空间了。

金人围攻平州达半年之久。近在咫尺的宋军由于没有接到新的旨意，只能继续“卞庄刺虎”，充当看客，眼睁睁看着战略价值极大的平、营、滦三州沦陷。

张觳穷途末路，逃到燕京。郭药师收留了他，改名换姓，寄居常胜军中。金人几次三番通牒北宋，要求交还张觳。宋徽宗起初是不想交人的。毕竟，张觳投降依附，朝廷已经正式封官任命，是法定大宋官员，且是封疆大吏，如果这样都不能保全，大宋还拿什么脸面来面对臣僚？但是，金人催讨得急，燕京长官王安中就找了一个貌似张觳者，砍下头送往金国，但被金人识破。金人威胁动武，徽宗不得已，下令王安中缢杀张觳，砍下脑袋，连同张觳两个儿子，一起送给金国。

都是降宋辽将，兔狐之心，人之常情，常胜军将士目睹这一惨剧，都潸然泪下。郭药师悲愤地说：“金人要张觳人头，就给张觳人头。改天如果要我郭药师的人头呢，也给吗？”

想不到，郭药师这句话，在两年后的宣和七年（1125 年），险些一语成谶。

此时，金国已经开始全力攻宋，宋军统帅童贯南逃。东路金军先后攻破檀州、蓟州，直逼燕京。郭药师与张令徽、刘舜仁率部迎击。《续资治通鉴长编拾补》卷五十：

药师乘锐东去，鏖战三十余里，金人已北，而令徽先自遁，斡离不力追之。已而舜仁亦遁，药师独至金人寨，凡数处，竟无火以焚其垒……是夜把东北门者，刺史皇贲也，乃阴遣人告斡离不，开门为内应，仍云：“不知太子要生郭药师，要死郭药师？”

郭药师与金军生死鏖战，这是客观事实，但是却发现自己有可能步张觳后尘，被砍下人头，献降金人。与其被他人拿去做见面礼，那还不如自己来。于是，大宋少了一个骁将，多了一个灾星；大金则少了一个劲敌，多了一位功臣。

第五型人格还有一个特质，就是对于物质生活无意识的自我克制，对于物质生活的要求非常低，常常会体现出俭朴甚至吝啬。

徽宗肯定不是一个俭朴的皇帝，但是，在国破被掳，外在物质的供给与享受断崖式跌落，对他心理上的冲击，却又是最小的。

徽宗作为大宋皇帝，高高在上，九五之尊，这在世俗凡人眼中，是何等幸福的命运。但是，对徽宗本人，皇帝这个位置却无疑是一挑心理重担。宋徽宗在潜意识里，应该一直是惧怕、抵触当皇帝的。第五型人格害怕承担后果、不愿成为大众焦点、希望远离人群躲避于一隅、对个人隐私的在意……反观徽宗在位的表现，逃避、躲避的意味，是非常明显的。

逃避、躲避最极端的，应该是徽宗对道教的信仰与寄托。张居正在《帝鉴图说》中强烈抨击徽宗的头条劣行，就是徽宗曾经把自己的位置设在林灵素的下席。而这违反伦常的举措，就是徽宗潜意识的一个折射。

徽宗对于治国理政这一本职工作，更像是“友情客串”地做戏。王夫之在《宋论》中，就认为徽宗及其几个倚重的宠臣，表面上煞有介事，其实都是在做戏。

第五型人格在压力之下，其凋零的方向是第七型，所以徽宗体现出享乐、草率、不考虑后果等诸多第七型人格的消极行为特质。

登顶至尊无上的“好运”，如果始终没有眷顾宋徽宗，说不定，那才真是他的好运，也是大宋的好运。

对于宋徽宗的人格类型，唯一容易产生分歧的是：为什么不是第四型，而是第五型？认为徽宗是第四型人格，可能是由于部分“九型人格”书籍把第四型人格中文名称命名为“艺术家”。而徽宗是当仁不让的艺术家。他的书法、绘画、诗词、建筑……都有极高造诣，在中国历代皇帝中，当属佼佼者。

但徽宗其实更像学者类的第五型人格，而非第四型人格。

第四型人格属于心中心，第五型人格则属于脑中心。第四型人格从事文艺创作，其自视的成败标准在于是否进入他人内心，引起人们内心共鸣——进入他人内心，尤以进入他人痛苦为绝对占比。第四型人格善于感知他人痛苦，并进入他人痛苦。基于这样的发心，第四型人格对于作品的具体细节和创作过程通常不在意，而直接在意其结果。也就是说，第四型人格较少用载体本身直白诠释，而是通过载体的张力来表达某种隐喻——第四型人推崇意境，而非意思。

现代诗的真正意义上的诗人大多数都是第四型人格。而你如果从纯粹语文语法层面去批改那些诗歌，就会发现不少是莫名其妙且毫无意义的谬误。

第四型人格的绘画，也通常是写意多于写实——梵高算是一个典型。如果可以自由选择，第四型人格极小可能选择工笔画。工笔画过于要求客观性逼真，这隐含着一种桎梏性约束，而且压缩创意发挥的空间，这恰恰不是第四型人格的心理舒适区。

徽宗的绘画就倾向于工笔画，其作品《金英秋禽图》，细节上细致入微，喜鹊腹部羽毛的黑白交替、喙部细小缺口，都得以体现。

徽宗对于画作的鉴赏标准，则在于其是否符合逻辑，而不是能否引发品鉴者的内心感觉。邓椿在《画继》卷十中，对此有生动记述：

徽宗建龙德宫成，命待诏图画宫中屏壁，皆极一时之选。上来幸，一无所称，独顾壶中殿前柱廊栱眼斜枝月季花。问画者为谁，实少年新进，上喜赐绯，褒锡甚宠。皆莫测其故，近侍尝请于上，上曰："月季鲜有能画者，盖四时、朝暮、花、蕊、叶皆不同。此作春时日中者，无毫发差，故厚赏之。"宣和殿前植荔枝，既结实，喜动天颜。偶孔雀在其下，亟召画院众史令图之。各极其思，华彩烂然，但孔雀欲升藤墩，先举右脚。上曰："未也。"众史愕然莫测。后数日，再呼问之，不知所对。则降旨曰："孔雀升高，必先举左。"众史骇服。

月季各项指标是否符合逻辑，孔雀先出左脚还是右脚……这类与抽象主题不存在关联的具象细节，第四型人格通常在潜意识里加以忽略。而潜意识最在意逻辑性完美，则非第五型人格莫属。

书法也一样。我们现在使用最通行最普及的中文字体，就是“宋体”。而“宋体”之所以得名，就是因为其缘起并脱胎于徽宗独创的、著名的瘦金体书法。

瘦金体书法，遒丽精致自不待言，但是其每个字大小一样，笔画雷同，如同生成于天然的格子之中，桎梏感非常强，这不是内心向往自由与独特的第四型人格喜欢的，反倒是跟第五型人格潜意识中的逻辑、目录、存档、归类、分隔……高度契合。

第五型人格的自我防御机制是“分隔作用”，指的是第五型人格可以把不同时间或空间的经历、记忆、情感、情绪……分装甚至封存于潜意识划分出来的不同区间里，互不联系，好像抽屉一样。

北宋亡后，这种自我防御机制确实很好地保护了宋徽宗。

如果徽宗是第四型人格，依据第四型人格的特质，可以推断出徽宗被掳之后——不啻于从天堂掉进地狱——最容易做的两件事：

一者，自杀或变相自杀。

二者，写出能够引起人们强烈共鸣的诠释痛苦的诗句。

这两件事，都没有出现。

恰恰相反，被掳的徽宗，从离开汴京到最终客死异国，反而一直都情绪平和，既未崩溃，也没有因此变得乖戾怪异，表现出极高的情商与风度。

徽宗被囚居五国城时，还发生了一次危机。

徽宗第十五子沂王赵樗与第十六婿刘文彦，向金人控告徽宗与其他皇室成员及近臣密谋反金。危险骤至，但徽宗没有慌乱，而是召集众人商讨应对之策。金使前来调查，最终判定是诬告，请徽宗处置诬告者，徽宗道：“二子悖逆，虽自诬告，天伦之属，岂忍为之？”选择了原谅。事后，徽宗对近臣说了心里话，《三朝北盟会编》卷二百十一：

“老夫自闻男樗等有诬告之事，深悟众叛亲离，反求诸己，罔知所措。若非洗心涤虑，则何以全身远害？寡过悔尤，顾惟一体，其害尚轻，苟使坐累诸人，复何面目可以自存！”

宋徽宗这番话，如果是在很多年前，在他还是大宋皇帝的时候说出来，那大概率是场面套话，不足挂齿。

但在当下那样的情境说出来，就不能不令人肃然起敬了！

康熙

水陆辗转，走走停停，这次返程，白晋居然走了足足的三年多。白晋是法国耶稣会士、法国科学院院士，路易十四选派第一批六名来华耶稣会士之一。白晋年轻时即入耶稣会学校就读，接受了包括神学、语言学、哲学和自然科学的全面教育，尤长于数学和物理学。康熙皇帝非常赏识白晋的才学，请他讲授天文历法及数学、物理、化学、医学等西方科学知识。每日出入宫廷，过从甚密，白晋得以对康熙近距离地观察和了解。一回到法国，白晋就向路易十四上了一道长篇奏折，向法国皇帝介绍中国皇帝。

这本奏折随即在巴黎出版，书名就是《康熙皇帝》。

基于白晋个人的身份、立场、角度，以及这本书的写作背景，决定了这本书对康熙的记录和描述的客观性。当然，作者囿于个人视角局限、对一些事件道听途说，以及多少夹带一点主观情感和思维上的想当然，也在所难免。

曾经有观点，把康熙归入第八型人格，理由是康熙是一个文治武功成就极高的“千古一帝”，持这种观点的，应该是一种结果导向。事实上，不同于前文宋徽宗在人格类型上呈现出模糊，康熙具有非常清晰的第五型人格特质。

假想一下：把中国历史上的皇帝们，召集在一起，按当下的机制，按部就班上小学、中学，最后高考……请问，高考“状元”最有可能会是哪位？

——大概率会是康熙吧。

康熙是公认的“学霸”，而且属于文理均强的全能型学霸。白晋在《康熙皇帝》中描述了康熙学习的认真劲：

按照康熙皇帝的谕旨，每天早晚我们进宫和出宫，都由上驷院备马负责接送，有两位精通满汉两种语言的内庭官员被指派来协助我们准备进讲的文稿，另有书吏们将文稿誊写清楚。我们每天进宫对皇帝口授文稿内容时，皇帝总是非常认真地听讲，并反复练习，亲手绘图，不懂即问，就这样持续整整几个小时，他都和我们在一起学习讨论。讲课结束后，他会把文稿留在身边，在内室里反复阅读。同时，皇帝还经常练习运算和仪器的使用，复习欧几里得的主要定律，并努力将其推理过程记住。有一天皇帝甚至说，他打算把这些定律从头至尾阅读 12 遍以上。就这样，通过五六个月的学习，康熙皇帝精通了几何学原理，进步显著，以至于一看到关于某个定律的几何图形，就能立即想到这个定律及其证明过程。

康熙的文、理均强。但细究之下，他应该归在理工。他对文、史、哲只是得益于阅读和记忆，从而知识面具有足够广度，可以应用无碍，但领会的深度与高度，却显然有所不及。其语文成绩，可能不如杨广和李煜。但在数、理、工程方面，如果不是被皇帝工作耽误了，康熙是可以成为这些领域大家的。

康熙工程学的天赋，主要体现在他重视治河、指挥治河，夙夜关注，俄而成为大半个水利专家。康熙四十六年（1707 年），康熙南巡河工，并现场办公。康熙直接问开溜淮套工程的可行性，河道总督张鹏翮先礼貌性地颂皇恩，康熙当即打断，明确指出，现在是实务，不是文章。文章可以引经据典，敷衍成篇。实务却必须以可行性为前提。只有可行，方能可言，而且可言还必须是公开的，即经得起质疑和推敲。

务实与务虚，是两码事。

康熙对河工工程的精熟，竟然不在专门负责河工水利的诸官员之下。

康熙之前曾派遣阿山等专人勘察水势地形，绘图上报。到现场一看，却发现图与现实“迥乎不同”，可见康熙对地图作了认真的研究，并具备较强的形图转化及比例尺等地理学素养。

更早在康熙三十九年时，就出现过类似情况。《清圣祖实录》卷一九八：

原任河道总督王新命以修理永定河绘图呈览。上披阅指问良久，顾王新命曰：“此图曲折阔狭，与河形不符。如一百八十丈为一里，则以尺为丈，或以寸为丈，更或以分厘为丈尺，量其远近，按尺寸绘之，方与河形相符，一览了然。今尔此图，皆意度为之！”

看验水平、估料等工程重要负责人员的专业水准与品行……康熙居然也都了如指掌。第五型人格对“知道”的本能倾斜，可见一斑。

康熙亲自设计了挑水坝、人字河、芒稻河、鲍家营等工程，却对南旺湖南北分水工程的设计创新十分嘉许。大学士马齐认为南旺分水并未超越康熙设计的上述诸多工程。康熙则认为南旺分水自高山引出，属于创新，不同于其他工程挑浚于故旧河形。

这折射出康熙建筑工程学方面的专业水准，以及实事求是的客观实证精神。

但是，康熙要求治河工程必须兼顾民坟，这就折射出康熙第五型人格的思虑过于周全，想得太多、太远的特质。同时，也从小角度反证康熙不是第八型人格。因为第八型人格喜欢大干快上，无法顾及太多枝节。对于民坟，至多通知迁移，给予补偿。

第五型人格对物质生活有着本能的自我抑制。这一点是第五型与第八型较为反差的特质之一。康熙的节俭，白晋在《康熙皇帝》中有详细记述：

从康熙皇帝日常的服饰和日用品上，也可以看出他身上所具有的朴素美德。他冬天穿的皮袍是用两三张黑貂皮和普通貂皮缝制而成的，这种皮袍在宫廷中极为普通；此外他的御衣都是用非常平常的丝织品缝制的，这种丝织品在中国是极其一般的，除了很穷苦的人其他人都能穿得起；阴雨天时，他常常穿一件很普通的羊毛呢绒外套，也没有什么异常之处。在夏季，有时看到他穿着用麻布做的上衣，就是中国老百姓家中常见的那种麻布。除了举行仪式的场合外，他的装束上唯一能够看到的称得上奢华的东西，就是在夏天他戴的帽子的帽檐上镶着一颗大珍珠，而这是满族人的风俗习惯。

平常不骑马的时候，康熙皇帝在皇城内外乘坐一种用人抬的椅子，这种椅子类似于木制的轿，粗糙的木材上面涂着油漆，有几处镶嵌着铜板，几处点缀着金粉木雕等简单装饰。他骑马外出时也是同样的朴素装束，御用马具只不过是一副漂亮的镀金铁马镫和一根金黄色的丝绒编制的缰绳。

白晋说“康熙皇帝虽然自己力求节俭，但对于国家的正当开销却特别慷慨”，这与其他史料的相关记录是完全吻合的。

不仅自己节俭，康熙对节俭清廉的官吏的嘉勉扶助力度之大，也是历代皇帝中罕有的。

于成龙、傅腊塔、格尔古德、范承勋、王骘、于成龙（于成龙举荐的通州知州，同名同姓，人称“小于成龙”）、张伯行、陈鹏年、陈瑸等清官，都不同程度得到康熙的奖掖和保护——不仅是对在任的，对于鞠躬尽瘁死而后已者，康熙通过加封与追谥，并“荫子入监”，让清廉者名实俱全，泽及后人。

第五型人格内心是倾向于远离人群的，此外就是对个人隐私特别在意。但第五型人格在“知道”的内在动机驱使下，会通过观察或质询对未知真相加以求索。对于不方便公开观察或质询的，第五型人格会用一些特别的方式，获取真相。

白晋《康熙皇帝》有提及：

康熙皇帝没有宠臣，所以，不仅没有因皇帝恩宠而胡作非为的人，而且每个人都很注意修身养德。除了因职权内的公务谒见皇帝以及皇帝召来进行公事咨询的人以外，皇帝不跟任何人谈论国事。而且，康熙皇帝一向不轻易流露自己的意图，也不允许别人加以忖度，因此，人们觉得：越是接近皇帝，越难以发现他的想法。对于值得调查的事情，康熙皇帝都要求必须调查清楚，但与六部的公开调查方式相反，他的习惯是委派不同身份的人秘密进行调查。

在召见臣下的时候，康熙皇帝总是提出问题，而很少主动给出自己的意见。他会一句不漏地听取臣下的上奏，以便认真考虑他们的意见。甚至可以说，我们从没有见到过在这两个方面比康熙皇帝做得更好的君主了：那样认真地思考自己所见所闻以及那样善于巧妙地隐藏自己的观点、保守住机密。

这就不难理解，太子夜晚到康熙帐篷外窥探，引发康熙强烈反感，并成为被废的理由之一。

也不难理解，康熙重视保密工作，再三严令帮他进行秘密调查的“不同身份的人”，不得泄露调查行动本身。这样的密谕不少，比如密谕曹寅“凡奏折不可令人写，但有风声，关系匪浅。小心”；密谕王鸿绪“不可令人知道，倘有泻（泄）漏，甚有关系。小心！小心”；密谕李煦“尔等受恩深重，但有所闻，可以亲手书折奏闻才好。此话断不可叫人知道，若有人知，尔即招祸矣”“凡有奏帖，万不可与人知道”；密谕郎廷极“尔勿令人知，亲写密折奏闻”……

这些都是要求心腹近臣收集信息，同时保密。

（本文引用的康熙御批、上谕、论述、杂著等，均源自《钦定四库全书》之《圣祖仁皇帝御制文集》，余不遍注）

康熙要求这些心腹上奏不得令人代笔。他自己确实也做到了这一点，故谕大学士马齐等：

朕从来无代笔之人，凡批出谕旨，俱朕亲书。至朕览过之书，虽日月间隔，不甚遗忘。今虽年岁稍增，而记性更进，即目前陈列诸书内，朕欲稽考某卷某字，但指令近侍取之，可以即得，未尝一次错误。大约存心清虚，不但事不遗忘，即疾病亦寡。

康熙简直就是一个自动检索的活的图书馆！能够做到这一点，除了超强的记忆力天赋之外，应该得益于第五型人格偏好于客观、理性，以及归档、归纳、目录的大脑活动习惯。对此，康熙自己也有所察觉，认为是因为“大约存心清虚”所致。

康熙的文化遗产，最具代表性的，不同于之前的《永乐大典》，不同于之后的《四库全书》，康熙留下的是超级工具书——《康熙字典》。字典是收集、汇编、归档、解析、目录的集大成者。

这也不能不说是第五型人格思维偏好的体现。

喜欢证伪，是第五型人格特有的潜意识执念，体现于外在的行为模式上，就成为了一种偏好习惯，情况严重的，会有自我强迫倾向。

康熙喜欢阅读史书，年少时如饥似渴。成年之后虽日理万机依然，手不释卷。而且，康熙的阅读不是单向地摄入，而是一直在证实与证伪，并不厌其烦地做了文字记述。读这类文字，既叹服于康熙治学与笔耕之勤，又为这位“千古一帝”，却又像老学究般的较真和“迂”，而不禁令人莞尔——

唐临淄王隆基讨韦氏，天星乱落如雪——

凡天星皆有定数，若史册所纪星陨颇多，甚至乱落如雪。果尔，则星之残缺不可胜数矣，何至今犹灿然如故耶？此等必流星过度，误以为陨落也。

宋太祖时五星聚奎——

五星之行于天，度数不同，迟速各异，何由聚于一宿？虽史册书之，考诸天文，断之以理，终不可信。

宋高宗时吴璘新立叠阵法——

锋镝相接，迅不及停，何暇约计为百步则用神臂弓，七十步则用强弓，从容拟议若是耶？是皆全不知兵，徒于纸上谈之，乃谓以此取胜，恐未必然。

宋理宗时蜀将王夔迎谒余玠——

王夔帅所部迎余玠，班声如雷，江水为沸，虽属形容之词，涉于诞妄矣。他如矢大如椽、山崩则江水不通、锁枪以为桥、画地为船以习水战之类，不可枚举。又，张贵募士，伏水数日不食，手能凿船，敌船岂皆聋聩，无一觉者？伏水数日而又不食，恐非人所能也。徒为奇辟之说以新耳目，揆之情理，皆不足信！

……

类似文字还有很多，在佩服康熙的独立思考与机敏细心的同时，忍不住心疼康熙，真想用那句流行语奉劝他："认真你就输了！"

当然，康熙认真，但没有输。

康熙一生笔耕不辍，留下不少著述，内中不乏文笔精炼、见地独到的佳作，如《讲筵绪论》《宽言论》《博约一贯论》《佛牙说》……但主题大都是立论说理，极少感怀抒情者——这也是第五型人格的一个侧面特质。

逻辑严谨、数据翔实、引用到位、陈述完备，是第五型人格天然的优点。比如康熙三十年十二月初七谕户部："……垦辟耕种之时，稷与大麦、油麦、春麦四种谷皆可艺植。稷宜多种之，春麦宜少种之。遣往耕田之人，田既耕种毕，则酌留耘田之人，其余人遣返……"关于塞外屯田，交待得事无巨细、不厌其烦。

康熙四十五年五月十七日谕户部："直隶自康熙四十一年至四十三年各府属未完民欠银八万二千七百两有奇，粮五千九百石有奇。山东自康熙四十二年各府属未完民欠银一百六十九万千七百两有奇，粮五千九百石有奇。或现在征取，或分年带征，著通行蠲免，俾小民实除逋负之累，倘应征旧欠有先完纳在官者，即准抵本年正赋……"数据翔实精确。

康熙三十六年八月十四日谕明史馆监修大学士诸人:“旁采旧闻，时勤讨论，事当核实，议必持平；毋胶己见而意涉偏私，毋狃积习而语邻矫激；务使褒贬适中，是非有准，纲立而条不紊，言简而事不遗……”这何止于编修明史，简直就是世代治史、治学通用的圭臬之言!

康熙注重实验，对实验数据的精确性有很高要求。康熙四十三年十月初三谕钦天监:“朕用仪器测验，午正一刻十一分初亏，未初三刻二分食甚，申初一刻复圆。查七政历，未初三刻二分日月合朔。新法推算，必无舛错之理。这舛错或因误写字画，或因算者忽略，将零数去之太多，亦未可定。”俨然一线研究学者的工作风范。

康熙还有可能是一个“被皇帝工作耽误了”的好医生。在康熙的御批中，有不少关于诊病开药的“医嘱体”，俨然是一个“专家门诊”。

比如，御批李煦（代曹寅奏）:

“尔奏得好。今欲赐治疟疾的药，恐延迟，所以赐驿马星夜赶去。但疟疾若未转泻痢还无妨。若转了病，此药用不得。南方庸医每每用补剂，而伤人者不计其数，须要小心。曹寅元肯吃人参，今得此病也是人参中来的。金鸡纳专治疟疾。用二钱，米酒调服。若轻了些，再吃一服，必要住的。往后或一钱，或八分，连吃二服，可以出根。若不是疟疾，此药用不得，须要认真。万嘱、万嘱、万嘱！”

虽然曹寅这次最终还是不治身亡，但不能就此说康熙是个庸医，在行医实践上没有成功案例。康熙四十年给李煦的御批:

“朕览淮黄造成堤岸，南巡至德州。不意皇太子偶感风寒，病势甚危。幸而朕留心多方调理，以致全（痊）愈。”

可见，康熙还是确实具有一定的医理医术。

不过，从康熙这些御批，除了看出康熙的专业知识、对臣下的关爱之外，还可以看出第五型人格的一个特质：潜意识中，遣词造句太过于追求完整。太过于完整，有时就是太绕了，略有啰嗦之嫌。

你要设身处地想一想，康熙日理万机，时间何等宝贵，且这些人都是他的臣下，惜墨如金也在情理之中……但康熙还是坚持把话都说（应该是写）完整了。这应该是第五型人格的一个强迫症一样的缺点。

“太绕”还折射出第五型人格的另一个缺点——不够果决。

俗话就是，不够狠！

确实，康熙御下，总体而言，是过于宽宥的。对于高级官吏，多以教诲和训示为主。

原任广西巡抚郝浴挪用侵吞公款达十九万两之巨，成为贪腐典型，本以为康熙必定严惩。不想康熙降谕，认为郝浴原本“洁己奉公，清廉爱民”，这次侵吞的公款，是挪给他人，没有进自己腰包，“其所动钱粮，非系入己，从宽悉免追取，以昭朕优恤廉吏至意。”

——侵占公款，只要是不直接进入自己名下，转借他人或投资项目，就可以宽免?

江南江西总督阿山、江苏巡抚宋荦被查出索贿，按律本该查处，康熙却说“阿山、宋荦，俱系年老大臣，着从宽免。”

《清圣祖实录》卷二四三则爆出了一个窝案：

辛亥。九卿等议奏:“臣等遵上谕，查自康熙三十四年户部设立办买草豆监督起，至康熙四十四年止，据买卖人金璧等供称，得银之堂司官共一百十二人，共侵蚀银四十四万余两。并前查出康熙四十五、六、七、八等年，希福纳等侵蚀二十万余两，均应勒限赔完，免其议处。”

整个职能部门112人一起贪污，这应该是性质非常严重的负面典型，但康熙也就是把希福纳一个人革职，其余的人退赔了事。

康熙性格中的“心太软”“手太软”，是导致康熙晚年吏治松垮、财政紧张的直接原因。

康熙作为自然人本身，其过人的禀赋是毋庸置疑的——这是内因。而仔细梳理康熙的外因，却不由不令人惊叹他的幸运。

总体来说，康熙的性格健康度非常高，且呈现出高度的成长性。第五型人格的成长方向是第八型，第五型人格能谋不善断、不喜担当、领导力与行动力不足等缺点，正好被第八型人格的优点所弥补。

分析康熙的成长的环境与过程，具有很大的现实借鉴性。

康熙幼年丧母，庆幸有孝庄文皇后这样一位祖母。孝庄文皇后是一个具大智慧者，她同时给予了康熙三样东西——爱、力量、自由。

有力量的爱、有爱的力量，鞭策却不操控——不操控就给予了康熙最大的自由，这无疑是可贵的信任。而对于少年登基的康熙，孝庄采用了一种“栏杆扶手”式的最佳的监护方式——平时一概不插手干预，一旦有了大事，康熙遭遇危机，有不可收拾的局面时，她却及时挺身而出，在精神层面与现实层面为康熙作出兜底。

《圣祖仁皇帝圣训》卷一，康熙深情感叹：

“设无祖母太皇太后，断不能致有今日成立！”

跟乾隆比起来，康熙并不能算是坐享其成的太平天子，而更像一个创业者。康熙朝的前半场，是从一次次凶险的斗争中走过来的。但是，这些凶险有一个共同点：都在战壕之外。战壕之内，康熙从不需要戒备——家人全都是助力于他，而无异心异志者。康熙登上皇位，无须争储、无须提防觊觎、无须担心被废，一切无缝过渡水到渠成。

诚然，对外的、公开的敌人，至多耗脑耗力，却不怎么耗心耗气。对于萧墙之内的反侧暗战，心里你死我活，表面上还得兄友弟恭，那无形的伤是非常大的。后来雍正寿数不长，不能说跟多年的夺嫡暗战而致心力交瘁没有关系。

跟雍正比，康熙在这一点上，确实幸运。

而把康熙与宋徽宗比对，还可以看出一个很有意思的反差——宋徽宗可以倚赖的人，实在太少；而康熙则相反。

宋徽宗的宗室之内，老一辈，出得了场的，没有；兄弟辈，出得了场的，没有；子侄辈，就令人心寒了——危难关头，把皇位传太子，太子都要拼死命推拒。还好有个康王——后来的宋高宗——还能自我请缨，不至于那么难看。

康熙不一样：上有祖母孝庄，平辈有忠勇的兄长福全，至于儿子，那就更不用说了，才智过人、独当一面的，何止一个两个。

但很戏剧性的是，最让康熙伤心劳神的，却是能干的儿子太多了，而皇位却只有一个，最终上演了九王夺嫡，一地鸡毛。

看来，过犹不及，确是此理。

文武大臣就不用说了，徽宗朝内战内行，党争激烈，对外却外战外行，松散薄脆；康熙朝虽也有派系、也有贪腐，但应对外来威胁上，整体还是一致、高效的。

康熙性格健康，还得益于满清统治者把习武骑射作为皇室子弟标配的教育机制。这对脑区能量过度集中的第五型，尤其裨益。

在现实中，我们对于第五型学生因心理压力太大而精神状态不理想，通常是建议其劳动与运动，劳动尤其胜于体育运动，因为劳动往往伴生责任，体育运动则更多娱乐的意味——这样做的目的，就是让其囤积脑区的能量得以分流至心区与身体，从而实现均衡。

习武除了强身健体，一定程度上能够让人更加刚毅果决。而以天下为己任的担当做皇帝，则皇帝本身绝对是一件苦差事的“劳动”——这些最终都成为康熙第五型人格成长的强大外在助力。

宋徽宗在同一象限的外因，却呈现反向——徽宗在脑力上更大地投入能量，对于做皇帝的责任，潜意识里却是不接受的，于是，第五型人格凋零方向的第七型人格的典型缺点——享乐与逃避，就成了徽宗的标配。

康熙的性格缺点，也是很明显的。这些缺点对康熙晚年朝政造成不小的负面影响。作为“思想者”“观察者”的第五型人格，对于自己的短板，以及短板造成的后果和这些后果的解决方式，康熙心里应该是雪亮的。

康熙一朝，没有留下多少悬疑和争议。如果有的话，那应该就是他的死，以及雍正继位程序上的合法性。

依然有历史学家认为康熙之死与雍正继位之中存在着阴谋论的疑问，认为康熙原本属意的继位者是十四皇子胤禵，而非雍正——时为四皇子的胤禛。

演义小说里关于胤禛偷改遗诏，改“传位十四”为“传位于四”，显然不符合当时的书写常识，可以断定为杜撰。还有说法是胤禛进人参汤，康熙喝了驾崩……这就更是明显的荒谬——前文御批可以看出，康熙深知医理、药理，原本就强烈反对滥服人参，胤禛自己也“稍知药性”，且人参参味浓郁，根本无从隐匿。

隐忍谨慎的第六型人格胤禛，不是性急托大的第三型人格杨广，怎么可能在这最后时分作出任何可能得罪康熙的行止。

如果从康熙第五型人格的性格心理模式与行为模式来推导，则阴谋论不太可能成立。作为脑中心的第五型人格，最擅长也最本能的，就是“谋”。现实中的第五型人格，在工作上最适宜做策划、计划。他们几乎可以把所有细节、所有可能，全部考虑到位，从而“闭门造车，出门合辙”。

康熙最后的十几年时间，他筹谋最多的，应该就是自己身后帝国权力如何妥当而平稳地过渡给继任者；什么样的继任者可以对自己的政令体系作出正确的修正与裨益；甚至，继任者的继任者……

胤禛原本就是康熙选定的继任者。康熙就是要把位置传给胤禛，而且每一个细节，应该都是在康熙的安排和控制之内。

第五型人格的特点，就是考虑太过周祥与深远，然后在具体的执行上，会更曲折弯绕，以求事缓则圆。

康熙选定胤禛，理由有两大方面。

一是胤禛的性格与能力侧重于审计、清算、纠察等内控治理，而且执行的时候可以做到铁面与铁腕，这正好是当下大清帝国亟需强化的一块短板。至于开疆拓土、征伐剿平，则已不是战略首要。所以，十四皇子胤禵的性格与能力，显然都不是最优之选。

二是胤禛的儿子弘历，深受康熙喜爱和认可。幼年弘历即表现出勇武、聪敏，且性格阳光，行止大气，是非常理想的皇位继承人。所以，康熙选定胤禛，决定因素甚至可能不是胤禛本人，而是胤禛的儿子——弘历。

假如弘历的父亲不是胤禛，而是其他皇子，康熙说不定也会把皇位传给他们，而不是非传胤禛不可。

据《李朝实录·景宗实录》卷十中记载，康熙临终前对大学士马齐说："第四子雍亲王胤禛最贤，我死后立为嗣皇。胤禛第二子有英雄气象，必封为太子。"

"胤禛第二子"即弘历。弘历实际上是胤禛第四子，但因其上弘盼、弘昀早逝，朝鲜使者误以为弘历为胤禛第二子。

康熙早已选定接班人。但是，他不仅没有丝毫泄露，反而故布疑阵，误导了人们的揣测。这其实是对真正接班人——胤禛——的保护。胤禛因为一直没有成为热门人选，所受的杯葛与算计，自然是最少的。

废而复立、立而复废的太子胤礽、"民主推选"的皇八子胤禩、"大将军王"皇十四子胤禵……应该都是康熙故布疑阵的几枚棋子。

胤禛绝对不是没心没肺坐着捡到了皇位，其实胤禛的心机最深远。他在面上刻意装成淡泊宁静，无意于权利，暗中却是"绷紧发条"，做了不少工作，罗致重要人员，组成了一个隐形实力集团。

胤禛做的这些，怎么可能逃得过康熙眼睛。只不过康熙看在眼里，会觉得可笑罢了："我选定你，你不做这些，皇帝也是你的。我不选定你，你做再多，也是白做。"

康熙一直工作到生命的最后一天。

胤禛继位，是为雍正。雍正勤于政事，铁面铁腕，大力整饬吏治，整顿财政，实行了改土归流、摊丁入亩、耗羡归公、养廉银、官绅"一体当差一体纳粮"等一系列改革举措，大清的官场风气重新严谨，国库也充盈了起来。

雍正在位十三年驾崩，传位第四子弘历，即乾隆。

乾隆果然也是雄才大略，文治武功，大清在乾隆朝达到鼎盛。

康熙到乾隆，史称"康乾盛世"。

六　第六型人格：后视镜

岳飞从不看后视镜——他从来就没想过，危险可能会来自背后。

事实上，岳飞是非常机警的。

只不过，他的机警尽数用在了前方。

而宋高宗的心底，却装着一个沉重、冰冷的后视镜。

岳 飞

福建泉州素有“东亚文化之都”“世界宗教博物馆”的美誉，全市古迹遍布，尤以鲤城区为盛——方圆三公里之内，就集中了开元寺、承天寺、天后宫、府文庙、关岳庙、清真寺等著名古迹。其中又以关岳庙的香火人气最为鼎盛。

关岳庙因主祀关羽与岳飞，故名。庙宇坐北朝南，主殿为武成殿，正位左祀关圣帝君（关羽），右祀岳武穆王（岳飞）。以张飞、赵云、谢玄、韩擒虎、李靖、郭子仪、王彦章、曹彬、狄青、徐达等历史上 24 位名将为从祀。

把岳王与关圣帝君并祀，原称关帝庙改为关岳庙的，并不罕见。

民间信仰赋予岳飞如此之高的规格待遇，很大程度是因为岳飞被冤杀，此后历朝历代，对岳飞的同情、声援、赞美、神化，跨越政权与民族，成为一种伦理正确的“公约数”和道德制高点。

假如岳飞没有遭到冤狱冤杀，而是如当时张浚、韩世忠等，随顺大流，得以善终的话，他还能够远远超拔于从祀的那些名将之上吗？

把时间轴拉长到历史的长度，再去审视岳飞的人生，则可以归纳为两个词：冤与不冤。

说冤，比较简单。岳飞之死，确是千古奇冤！

秦桧构陷岳飞谋反，岳飞不仅绝无反意，甚至是最无私心。真有私心，何至于此？“天日昭昭！天日昭昭！”可知岳飞当时的椎心泣血，无语问天。

因为冤狱太纯粹，使得秦桧在主审何铸力辩岳飞无罪时词穷，亮出底牌：“此上意也”；面对韩世忠的质问，则支吾以“其事体莫须有”。

宋高宗上位初始，“当是时也，江南糜烂，宋无一城之可恃，天下诚有旦夕不保之势”（王夫之《宋论》卷十）。内，是遍地的流寇与乱贼；外，金人铁骑随时长驱直入、犁庭扫穴。而南宋政权最终得以度过随时有夭折危险的“襁褓期”，逐渐安全、安定下来，岳飞不是唯一有功劳的，但可以说，是最有功劳的。

最有功劳者，却受到最无情的迫害——这是奇冤的另一个方面。

说岳飞不冤，也有两个方面。

死后为神，受历代君王百姓的香火祭祀——这应该是岳飞个人人设的顶级目标，甚至不能说目标——只能说是梦想。

冤狱毁灭了人之岳飞，及其有限的生命；同时造就了神之岳飞，及其无限的存在。

求仁得仁，何冤之有？

另一个不冤之处，则是本文需要解析的重点——岳飞之死，是一种必然！而这种必然，外部因素不是最主要的，内因才是！

也就是从这个语境与角度，得到这样的结论——岳飞的性格与行为，决定了岳飞必死。

在九型人格学习与应用中，学员们普遍反映，第六型人格是最难把握的。这不奇怪，因为如果用一个词来概括第六型人格，那就是“矛盾”。第六型人格是最矛盾的一个人格类型，你从它的中文别称上可以看出端倪——“忠诚型”“怀疑论者”。

传统的九型人格教材上，根据第六型人格对危险的本能正常反应和本能反向反应，把第六型分为“正六”和“反六”。我比较不倾向于这样的划分，但在普及知识上，这样的划分的确浅显易懂。

危险来临，正常反应就是逃跑；反向反应就是不仅不跑，反而迎上去，先发制人地战胜危险。所以，第六型人格的外在表现就会出现天壤之别的反差。打个比方：街上突然冲出来一只猛兽，这时候，最害怕且逃得最快的，最大概率是第六型，是“正六”；不仅不逃，反而冲上去搏斗并制服猛兽的，最大概率也是第六型，是“反六”。

九个人格类型中，最勇敢的是第八型人格与“反六”。两者的勇敢是有区别的——夸张点说：第八型除了死，什么都不怕；“反六”则是什么都怕，就是不怕死。

第六型人格的这种极端的矛盾，导致了奇葩的“风景”：宁死不屈的斗士与贪生怕死的叛徒，通常都是第六型；最出色的警察与最出色的贼，通常都是第六型；不断挑战极限的冒险者与兢兢业业老老实实一辈子做“螺丝钉”的职员，通常都是第六型……有些职业，尤其是需要临危不惧、临危不乱的超过硬心理素质的，只有第六型可以胜任，比如战斗机试飞员、顶级的特工等。

第六型人格的核心动机是安全，核心恐惧是不安全，注意力通常集中于可能的危险之上。自我防御机制是“投射作用”，就是能够把可能发生或曾经发生的事情，在脑海中像播放电影一样播放出来。

普及型教学会使用“正六”“反六”及中文别称，但深进之后，通常会加以纠正，不建议继续使用。比如“反六”，其实通常就是第六型人格的偏五侧翼，习惯简称“六偏五”。这种类型在压力或严重缺少安全感的状态下，会非常勇敢，并呈现出极强的攻击性。

岳飞就是一个这样的“六偏五”，有理由推断，其副型（优势本能）是“一对一”，此副型通常对应痴迷、投入、激情。

南宋初期，名将不少，但进攻型战将，普遍认为只有岳飞一人。所以岳飞一死，基本上北伐恢复就成了梦幻泡影。

岳飞确实是战神！“一对一”副型，让战场上的岳飞，既务实高效，却又激情四射，神奇地带上一种艺术感。且常常是单挑强敌，以寡击众。

如今再看有关的记载文字，仍可复原出极具冲击力的视觉效果，让人血脉偾张、爽心悦目。《宋史》卷三六五：

三年，贼王善、曹成、孔彦舟等合众五十万，薄南薰门。飞所部仅八百，众惧不敌，飞曰：“吾为诸君破之。”左挟弓，右运矛，横冲其阵，贼乱，大败之。

《续资治通鉴》卷一百：

河北招抚司都统制王彦，率裨将岳飞等所部七千人渡河。金兵盛，彦不敢进，飞独引所部鏖战，夺其纛而舞，诸军争奋，遂拔新乡。

……

王彦及金人战于新乡县，败绩。兵溃，彦奔太行山。岳飞以单骑持丈八铁枪刺杀金帅于陈，金人为退却。

左弓右矛，横冲敌阵；孤军鏖战，夺纛而舞；单骑长枪，刺杀金帅于阵前……

以上这些都是青年岳飞崭露头角于行伍时的战绩。

再看绍兴十年七月，此时岳飞已为一方将帅，对决金军顶级悍将完颜宗弼（金兀术），著名的郾城大战。

岳家军兵势甚锐。“金宗弼患之，会诸将，欲并力一战”，岳飞获悉，准确判断金兀术开始急了，己军对金军已经形成优势，立即下令主动挑战，并让士兵喊骂金兀术。金兀术果然被激怒，双方对攻，岳飞派岳云出击，杀伤金兵甚众。

眼见战局不利，金兀术使出压轴的拐子马。拐子马即铁浮屠，“皆重铠，贯以韦索，三人为联”——就是锁成队列，再组成方阵的重装甲骑兵，齐头并进，杀气腾腾，确有排山倒海之势，因为装甲厚重，密集箭矢及零星的近距离攻击根本奈何不了。金兀术起兵以来，使用此招，从未败绩。

岳飞却以步兵对付拐子马——“飞戒步卒，以麻扎刀入陈，勿仰视，第斫马足”。命令步兵钻入敌铁骑方阵里面，让敌骑兵的长枪转圜不灵，使用麻扎刀，专砍马脚！一匹战马四只脚，三匹战马十二只脚……只要一只马脚被砍断，一匹马就倒了，锁在一起的三匹马都被拖倒，砍一只等于砍十二只，效率太高了。拐子马彻底被破，连胜神话就此终结。

原本骑兵对决步卒，基本无异于单方面屠杀，但岳飞却用步卒大破重装甲骑兵，可见，在很多情况下，领导与组织可以超越个体模块的强弱对比。当然，作为战略终极执行者，这些步卒不畏战、不畏死，是最终胜利的保障——而这就是岳家军的军魂，也是岳飞勇者无惧的个人性格影响，日积月累积淀而成的战斗精神。

岳飞的机敏与细心，体现在关键的一个告诫：勿仰视！不要抬头看，专盯马脚砍。其实，拐子马之所以无往不利，很大程度上是气势先赢了，乍看到高大雄壮的铁流滚滚而来，一般人在心理上就先怯了，慌乱之下，遭到碾压是必然的。岳飞洞察战场心理，而且决策快速、部署到位，确是令人叹服。拐子马被破，令兀术当场“大恸”，哀叹：“自海上起兵，皆以此马胜，今已矣！”（《宋史》卷三六五）

岳家军趁势猛攻，大破金军。

岳飞勇悍过人，容易让人误以为擅长单兵野战。偏五侧翼，让这一类第六型具有更强的理论、逻辑与思想素养，对于兵法，岳飞有其独到的见解。《宋史》卷三六五：

迁秉义郎，隶留守宗泽。战开德、曹州皆有功，泽大奇之，曰：“尔勇智才艺，古良将不能过，然好野战，非万全计。”因授以阵图。飞曰：“阵而后战，兵法之常，运用之妙，存乎一心。”泽是其言。

……

张俊尝问用兵之术，曰：“仁、智、信、勇、严，阙一不可。”

对答宗泽时，岳飞还年轻，更多是来自军事天赋的灵犀之悟，有点大而化之，知其然不知其所以然的味道。对答张俊时，岳飞已是中年，其理论经多年实践，形成系统，具备非常清晰的操作向度，言简意赅，提纲挈领，隐然契合一定的哲理。

岳飞不藏私，无保留地分享提炼的精华！但是，张俊恰好私德有亏，寡仁少信，很可能以为岳飞语带双关讥刺他。

岳家军进攻锋锐极强，却不存在攻强守弱的弊病，属于攻强守亦强。所谓“撼山易，撼岳家军难”指的是一个战术现象——岳家军可以做到“猝遇敌不动”。不管突然遭遇多么强大的敌人，岳家军的军心与阵脚，一概丝毫不动。

这种素养不是一天两天可以成就的。岳飞的治军风格，很大程度体现了第六型人格特质——注重平时战备训练，总是“做最坏打算，做最好的准备”，纪律严格，重视团队，关爱下属，同情弱势群体，爱护平民百姓，领导者的责任感，清廉，喜欢集体研讨，谨慎决策……

第六型人格在九种人格类型中，责任心是最强的。

于家于国，岳飞都有着极强的责任心。于家，体现在事母至孝。《宋史》卷三六五：

飞至孝，母留河北，遣人求访，迎归。母有痼疾，药饵必亲。母卒，水浆不入口者三日。

于国，则体现在以天下事为己任，除了匡扶大宋社稷，为高宗驱驰征伐，攘外安内，还时刻惦记着收复山河，解救生民，雪靖康奇耻，迎徽钦二帝……甚而至于，冒天下之大不韪，进言高宗立储。

于家于国，岳飞的权重排序是非常清晰的——国优先于家，家的利益恩怨，可以也必须为国之大义让路。

杨再兴原为贼兵曹成部将。绍兴元年，岳飞奉命进剿曹成，张宪等率岳家军攻克莫邪关，贼兵溃散。第五将韩顺夫放松警惕，“解鞍脱甲，以所虏妇人佐酒”。不料杨再兴杀回马枪，攻进韩顺夫的军营。韩顺夫被杨再兴杀死，岳家军败退。岳飞闻讯大怒，将韩顺夫亲随士兵尽数处死，并责令其副将活捉杨再兴以赎罪。张宪、王经等也率部协同，追击杨再兴。杨再兴勇悍异常，以寡敌众，毫无惧色，在后续战斗中，又杀了岳飞的胞弟岳翻。旧恨未了，又添新仇。最终岳飞败曹成于桂岭。曹成远逃，杨再兴势孤落败，被追得急，不小心跳入深涧，困于其中。军士们要杀杨再兴，杨再兴求见岳飞，自愿受缚。

杨再兴攻杀了岳家军将领，并因而爆了岳家军将领“以所虏妇人佐酒”的丑行，既在意军纪又在乎输赢的岳飞，自然是非常愤怒，否则不会尽杀韩的亲随。而杨再兴再杀岳飞的胞弟岳翻，无疑为这份怒意火上浇油。

出乎意料，岳飞见杨再兴，没有计较前仇，而是解其缚曰：“汝壮士，吾不杀汝，当以忠义报国家。”收杨再兴入麾下为将。

之所以没有记仇，就是岳飞站在国家的角度，爱惜优质人力资源。此外可以得知，最让岳飞愤怒的，并非部下与亲人的死伤，而是韩顺夫不守军纪，没有履行自身的职责。

杨再兴确实不负岳飞。此后冲锋陷阵，舍生忘死，郾城大战时，单骑冲入敌阵，欲生擒金兀术，纵横决荡，负伤多处依然杀敌数百，金兵为之胆寒。后战死于小商河。战后宋军收殓杨再兴的尸身，焚化安葬，光箭镞就烧出两百多个！岳飞“痛惜之”。

岳飞的“一对一”副型，是其无畏、强悍、超强攻击性的主要心理源头。“一对一”副型对应的是投入与激情，但这种投入与激情一旦处在负面情绪的影响下，就很容易变成任性与冲动，最终演变成失去控制的怒与暴。

前文岳飞尽杀韩顺夫亲随士卒，就是这种“怒暴”的结果。不幸摊上这“苦果”的，还有岳飞的同事赵秉渊、岳飞的部将傅庆、岳飞的舅父姚某。

赵秉渊时任江南兵马钤辖，并非岳飞下属，双方是同事关系，所以才会一起喝酒。岳飞喝醉了，不知道什么原因，毒打赵秉渊，差点打死。有人报告高宗，高宗让岳飞别再喝酒了，要喝等彻底收复失地了再喝。岳飞从此戒酒，也才有那句名言：“直捣黄龙府，与诸君痛饮耳！”

赵秉渊虽然苦楚，但比起岳飞的部将傅庆，那还算幸运。《三朝北盟会编》卷一四三：

傅庆，卫州窑户也。有勇力，善战，屡立功。岳飞宠惜之，以为前军统制。庆恃其才，视飞为平交。尝曰：岳丈所主张此一军者，皆我出战有功之力。每有需索于飞，则曰：岳丈，傅庆没钱使，可觅金若干、或钱若干。飞亦屡与之，无忤色。及飞为镇抚使，持法严肃，尤不可犯。而庆不改其常。飞待之颇异，庆觉之，不喜。会刘光世遣王德来高邮，以当金人在高邮楚州者。飞遣庆以前军交士应援，德与庆交马，而庆言欲伏侍。飞衔之，戒宪勿泄。

至是，飞令诸统制射远箭，庆三筹皆及一百七十步，诸统制不过一百五十步。飞三赏，庆酒醉。飞取宣赐战袍金带与王贵。庆曰：赏有功者。飞问有功者为谁。庆曰：庆在清水亭有功。飞大怒，叱庆下阶，取战袍焚之，槌毁其金带。乃曰：不斩傅庆，何以示众！遂命斩之。

傅庆同时碰触了岳飞的两条“红线”：不守军纪、不忠于岳家军。

记载文字中最具玄机的，不是岳飞杀傅庆。杀傅庆这件事本身并没有什么，慈不将兵，义不掌财，作为险恶战争中的主帅，不生杀予夺，就难以令行禁止……最具玄机的，是焚烧战袍，槌毁金带！

由于《三朝北盟会编》原文是没有句读的，所以那句究竟是“飞大怒，叱庆下阶，取战袍焚之，槌毁其金带”，还是“飞大怒，叱庆。(庆)下阶取战袍焚之，槌毁其金带”，也就是说，皇帝御赐的战袍金带究竟是谁的手毁的，有点不清。从行文看，岳飞手毁的可能性更大。

如果是岳飞手毁，那岳飞真的是太冲动了！冲动得完全失去了理智。

——即使傅庆要毁，岳飞也应该拼命抢救才对。皇帝御赐之物，就约等于皇帝。按照封建社会的礼法惯例，毁坏御赐之物属于欺君。仅凭这一条，严格起来，就可以定岳飞死罪了。

傅庆虽然丢了性命，但比起岳飞的舅父姚某，那也还算幸运。《三朝北盟会编》卷一四四：

岳飞以通泰州镇抚使，方退屯于江阴军。戊申，被命已本进发。癸丑，到宜兴取老小到徽州。有百姓诉其舅姚某搔扰，飞白其母，责之曰：舅所为如此，有累于飞。飞能容，恐军情与军法不能容。母亦苦劝而止。他日飞与兵官押马，舅亦同途。舅出，飞马前而驰约数十步，引弓满，回身射飞，中鞍鞒。飞邓马逐舅，擒下马，令王贵张宪捉其手，自取佩刀破其心，然后碎割之。

其舅在押马途中突然箭射岳飞，应该不是处心积虑真心要杀岳飞——箭射无疑是成功率最低的谋杀方法，何况奔跑向前回身箭射。

法不容情，作为主帅的岳飞，杀舅本身没什么问题，问题在于杀的方法方式：凶犯已经被控制，按军法处置就是，有必要让两大将分别抓牢其手，自己拿刀开膛破心，还“碎割之”吗？这是虐杀！姚某真是不得好死，比傅庆惨多了！这件事发生的大背景，是岳家军遭遇一次不小的失利退却。岳飞援楚州，楚州陷，随后又主动放弃泰州，“飞以泰州失守待罪。”(《宋史》卷三六五)

第六型人格在逆境与压力下，凋零方向是第三型，从而带上不健康第三型的一些特质：除了更强的攻击性，还有就是变得自私与自我，不考虑他人。

事后，岳飞自然要向母亲请罪，当然，只能说结果，过程肯定不能说。岳飞母亲自然伤心，毕竟是自己宠爱的弟弟。责问岳飞为什么一定要杀，岳飞的回答体现了经典的第六型人格特质：“那箭万一射高一点或射低一点，我就死定了。万一我死了，母亲怎么办。今天不杀舅，万一下次他再害我怎么办……”

“万一”是第六型人格的高频词。

后面的一句，就是第六型的动机直白了：“今日不杀舅，他日必为舅所害，故不如杀之！”（《三朝北盟会编》卷一四四）

今天不干掉你，明天就要被你干掉——其舅罪不当死，但出于预防性考虑，必须杀！

也有观点质疑这件事的真实性，认为是秦桧为了抹黑岳飞编造出来的。

这不合逻辑：一来《三朝北盟会编》作者徐梦莘生于靖康元年（1126年），四岁时，金兵南下江西，一路烧杀掳掠，母亲背负着他死里逃生，故徐梦莘对金有着极深的国恨家仇，主观情感上肯定同情岳飞，没有抹黑的动机；二来《三朝北盟会编》成书于1162年，秦桧死于1155年，此时岳飞虽未正式平反复官，但对其正面评价已经解禁并成为主流，这种情况下，不贴金就不错了，谁还抹黑？

再说，秦桧既然要编造，直接编造性质最恶劣的题材就好了，为什么编造一个不痛不痒且有争议的事件出来呢？——岳飞杀舅，既可以说体现岳飞冲动残暴，但何尝又不可以说彰显岳飞铁腕治军，且国而忘家、为大义而舍小义呢？

如此明显的“怒暴”情绪，结合勇敢、攻击性，大家可能会想：岳飞会不会是第八型人格呢？

判断岳飞不是第八型，主要在于三方面：

一是岳飞的极度自律，尤其在个人享受方面，堪称以身作则。第八型领导也会强调纪律规矩，但通常是双重标准——纪律规矩是来要求别人的，自己例外。个人享受方面，第八型通常不修边幅。（可参见本书第八型人格：寇准）

二是第八型人格核心欲望就是控制，最不愿意就是失去控制权或被控制。如果岳飞是第八型，不会在气势如虹之际听命班师的，完全可以“将在外，君命有所不受”，打完再说。还有就是绍兴十一年削夺兵权，岳飞始终配合，可见岳飞虽然平时谋求更多的军队控制权，但这控制权对于岳飞而言，仅是报国的手段，而非个人的目的。

如果岳飞是第八型，结合当时的情势，“另立中央”是大概率的事。随便编个钦宗衣带诏，或是找个赵姓子弟立为大宋皇帝，在政治上取得合法性，并非难事。

三是第八型非常自信和果决，大部分都是听自己的，前后一贯性好，较少自相矛盾和纠结摇摆。而岳飞除了集体讨论作战计划的习惯之外，史料还透露出一个小细节，《续资治通鉴》卷一一八：

飞威名日著，淮西宣抚使张俊益忌之。参谋官薛弼每劝飞调护，而幕中之轻者复教飞勿苦降意，于是飞与俊隙始深矣。

张俊心量险狠，贪财营私，人品是诸将中最恶劣的。君子不可畏，小人才可畏！岳飞的参谋官薛弼屡次提醒岳飞要小心在意与张俊的关系，估计岳飞原本是听的，所以才有礼赠战利品楼船一节。而张俊作为岳飞的老领导，“盛称飞可用”举荐在前，折节下问请教兵法在后，这显然都是肯定并接受岳飞的一种表现。

但是，岳飞幕僚中的“轻者”——即如今所谓的“极左”“鹰派”——又鼓吹诸如“岳飞可以说不”“真性情，做自己”此类的话，一样也对岳飞起了作用。于是，岳飞对张俊的态度可能出现前后摇摆。而热衷贪腐敛财的张俊，对清廉的岳飞本能就心理过敏……就这样，岳飞莫名其妙就为自己树了一个可怕的政敌。

名列“中兴四将”的张俊成了构陷并杀害岳飞的主力之一，后世被铸成铁像，与秦桧夫妻、万俟卨一起，永远跪在岳飞墓前。

偏五的侧翼与“一对一”副型，还赋予岳飞一种鲜明特质——愤青，具体表现就是慷慨激愤，好发评论。这也成为他日后被罗织的罪名之一：“指斥乘舆”。

青年岳飞初登场历史舞台，就因此吃了一亏。《续资治通鉴》卷九九：

飞初补承信郎，以战功迁秉义郎。帝初立，上书论黄潜善、汪伯彦不图恢复，以越职夺官。

凭战功得来的官职，因言论丢掉了。

当时可以说是年轻气盛，不知轻重。然而，纵然身经百战，年岁渐长，岳飞却一直没有改掉这个习惯。不少冲口而出的话语，得罪高宗、秦桧及其他大臣，有一些直接就被作为“指斥乘舆”的罪状。

《宋史》对此作了言简意赅的总结，卷三六五：

然忠愤激烈，议论持正，不挫于人，卒以此得祸。

如果岳飞索性就从头到脚彻底愤青，可能反而幸免于难。因为愤青给人的印象，即使不是脑不是特别好用，但至少是没什么心机。

但岳飞却不是，张浚在向高宗表述时，用了这么一个词。《建炎以来系年要录》卷九十九：

时朝廷锐意大举，都督张浚于诸将中，每称世忠之忠勇、飞之沉鸷，可以倚办大事，故并用之。

——沉鸷！

深沉勇猛，虽然也是褒义，但是，深沉，却有与阴险“近邻”之感。在政治角力场上，这个词，是有那么一点让人不安的感觉。

岳飞打仗，固然以勇猛著称，但又不只是勇猛，智巧也不在人下。观其战例，亦不乏兵不厌诈、虚虚实实的神来之笔。

这些相互矛盾的特质，让岳飞在高宗和一些大臣眼里，变得不那么简单清澈，这就极易衍生出忌惧心理。

想杀岳飞的人可能不少，但是能够杀岳飞的，只有一个人——宋高宗。

这更像一个简单的“买凶杀人”案件——宋高宗是真正的主使者与主导者；而秦桧跟张俊、万俟卨等人一样，都是为了一己私利，帮雇主干了肮脏活的肮脏人而已。

最终，世代跪在岳飞墓前的，只有这几个拿钱办事的。本该跪正中间的主犯，却缺位了。

宋高宗为什么杀岳飞呢？

关于岳飞之死的真实动因，已有诸多观点，论证都比较充分。比较主流的逻辑，大体有几方面：

高宗主和，金国以杀岳飞为和议条件，遂杀岳飞以议和。

高宗认为岳飞力主北伐，迎回钦宗，而不专于己。

高宗不能生育，岳飞却建言立储，犯了忌讳。

高宗需要削夺武将兵权，制约武将的跋扈，所以杀一儆百，岳飞被选作被杀的这个“一”。

……

其实，高宗杀岳飞，决定性原因，没有出现在上述所列之中。

上述所列，确实也都是客观的动因。但是，这些动因，似乎都不能导致岳飞非杀不可的结果。

尤其是为了和议，应金国要求杀岳飞这一条，根本站不住脚，而且有“甩锅”金国的嫌疑。

首先是金国不会不要脸到要求宋杀岳飞的程度，其次是金国不会愚蠢到要宋杀岳飞才肯和议。

客观来说，女真人虽然蛮荒初起，残忍粗暴，但其实在两国相争中，还不算太过无赖。不少高层将领都有一定的风度，在战场上输掉，只会想着在战场上赢回来。通过阴谋运作，让对方君主杀掉对手，这种反间计在汉族政权里面比较常用，游牧民族则比较少。

此外，宋金双方谁都心知肚明：和议之所以成为可能，恰恰是因为岳飞这些战将打出来的结果。没有岳飞们，我直接灭了你了，还和什么议！谁跟你和议！金如果提出要宋杀了岳飞再议和，那是在把宋当智障的同时，又让宋把自己当智障。

被大量引用的完颜宗弼致书秦桧“必杀岳飞，而后和可成”这句话，被视为金人微操而导致岳飞被杀的铁证。考证这句话的原文出处，只找到《钦定重订大金国志》卷十一：

（辛酉，即绍兴十一年）十二月，乌珠（兀术）以书抵桧曰："尔朝夕以和请，而岳飞方为河北图。必杀岳飞！而后可和。"由是秦桧遂奏，害飞及张宪、岳云。

完颜宗弼完整的这句话，可以有两种解读。

第一种就是通行的说法，金人卑鄙微操：你们一定得杀掉岳飞，我才跟你们议和。

第二种则是：你们整天请和，可是你们的岳飞却正谋着我们的河北呢！我一定要杀了岳飞，才跟你们议和！

如果是第二种，则有点不耐烦没好气，同时提示宋方约束将领，不要玩明和、暗战的套路；然后顺带打个嘴炮，撂一句不要成本的豪言壮语，为自己在战场上的惨败，找回一点纸面上的场子。

第二种的可能性更大。

心理揣摩偏于主观，说服力不足。好在有一个客观有力的佐证：时间！

绍兴和议正式达成是在绍兴十一年十一月，岳飞被害是在同年十二月。

完颜宗弼写这封信时，和议已经达成。

这个时间差也从侧面证实：岳飞之死，并非和议的必要条件，更非前提条件。

还有就是绍兴和议，军事方面的筹码是宋更优势。金的筹码反而不足，只好借助高宗对家人的诉求，尤其是生母韦太后——正是这种背景下，才有高宗那一句话。《续资治通鉴》卷一二四：

金国审议使萧毅等辞行。时朝廷许割唐、邓二州，余以淮水中流为界。毅辞，辞谕曰："若今岁太后果还，自当谨守誓约；如今岁未也，则誓文为虚设。"

"今年之内，太后启程南归，则誓约有效；否则，誓约无效！"

当时已经是十一月，已近年终。

上述所列，都是从高宗的角度推论杀岳飞的逻辑。

但如果从岳飞的角度呢?

前文在介绍第六型人格特质时，有言及部分第六型人格热衷冒险的情况。

这部分第六型人格，通常就是指偏五侧翼、“一对一”副型的第六型人格。而岳飞就是这种类型。

前文还言及，一些需要临危不惧、临危不乱的超过硬心理素质的职业，只有第六型可以胜任——比如战斗机试飞员。

战斗机试飞员需要试飞的都是新研发、未定型的战斗机。通过试飞，获得参数，发现问题，再反复修正改进，最终定型量产。

这项工作就意味着，要想成为一名合格的试飞员，就必须持续挑战安全的极限边界。这意思可以另一种表达，就是必须无限接近危险的极限边界!

每一次试飞，都是拿生命在冒险。

人格因素对人的作用，很多是在潜意识中。第六型人格可能并不知道自己为什么热衷冒险、善于冒险……甚至，不知道自己正在冒险。

岳飞一直在冒险，但他并不知道自己在冒险——他无意识地在冒险。岳飞行军打仗，很多时候都是谋定后动，有足够把握才投入战斗，极少冒险。岳飞的冒险，就是他与宋高宗之间的关系。如果把岳飞比喻成试飞员，那么，他一次次挑战的极限边界，就是高宗对他的包容。具体表现，就是多次的负气任性、僭越触犯、公然抗旨或消极奉旨。

岳飞母亲去世，岳飞不等上报批复，直接解官而去。一方军事首脑这样任性离开，万一战事遽然而至，出现不堪设想的后果，那么，谁来担责?虽然说忠臣必定出自孝子，但岳飞如此行止，既可说情有可原，亦可说罪无可赦，徒授人以柄。还有就是岳飞为什么一定要舍近求远、葬母于庐山呢?也是令人费解。

高宗对岳飞是足够包容的，先吊唁抚慰，然后诏令起复。岳飞又失礼了一次——竟想要穿着丧服谢恩，这对于皇帝显然是太晦气了，钦差邓琮当然拒绝。岳飞再次推辞，高宗再下诏……总共下了三次诏令，岳飞才归队。

高宗这一次包容岳飞，是可以给自己足够理由的——毕竟，母亲亡故，伤心欲绝而方寸大乱，是可以理解的。

《续资治通鉴》卷一一八：

起复湖北、京西宣抚副使岳飞，以亲兵赴行在。翼日，内殿引对，飞密奏请正建国公皇子之位，人无知者。及对，帝谕曰："卿言虽忠，然握重兵于外，此事非卿所当预也。"飞退，参谋官薛弼继进，帝语之故，且曰："飞意似不悦，卿自以意开谕之。"

岳飞身为领兵大将，建言立储，这本就踩了宋朝皇室的"雷区"，何况高宗不能生育，这话题就更是忌讳。高宗倒是不阴，没有"打太极"，而是直言以告：作为手握重兵的武将，这事实在不是岳飞你应该过问的。

这里还隐藏了两大信息。一是岳飞当场表现出不高兴，高宗看到了；二是岳飞的参谋官薛弼，何以单独进见，且高宗跟他的对话口气，颇值得玩味。

虽然踩了"雷区"，高宗依旧选择相信这位年轻人只是政治幼稚，不仅没有怪罪，还马上"起复检校少保、武胜、定国军节度使、湖北、京西宣抚副使岳飞为太尉，赏商、虢之功也；翼日，升宣抚使"（《续资治通鉴》卷一一八）。

这是绍兴七年二月的事。但才到绍兴七年四月，岳飞就突然辞职。

高宗给主战派岳飞加官为太尉、宣抚使，安抚笼络的成分虽有，但应该不是主流。结合当时的背景，可知此时的高宗，内心还是倾向于对金积极作战的。所以对于最具攻击力的战将岳飞，高宗更多的是赏识、信任、倚重。

高宗一度让岳飞节制原刘光世的部队——淮西军，下诏"听飞号令，如朕亲行！"岳飞进北伐恢复之略，高宗是真心认同的。不仅朝堂上首肯，还把岳飞叫到自己的"寝阁"——也就是卧室，最私人的空间——明白告诉岳飞："中兴之事，一以委卿！"话中的"一"字，极有分量，表示大宋恢复中兴之大业，就全权委任岳飞了。

对北伐、恢复念兹在兹的岳飞，自然热血沸腾，鼓舞振奋，准备放开手脚，大干一场。

岳飞"方图大举"，情况却有了变化。原先高宗对岳飞所说的，基本成了"画饼"。

史书说变卦的原因在主和的秦桧，但综合来看，那个时间段主和派秦桧失势，不太可能对高宗起作用。起作用的，应该是张浚、李纲等人。当然，最终决策者肯定是高宗。

之所以产生变卦，原因并非简单的杯葛掣肘。

避免军队指挥权过度集中在个别武将手里，并最终收回到朝廷，这其实是赵宋自太祖以来一以贯之的“家法”。张浚、李纲等人都是忠臣，也都不是投降派，虽然具体政策实施方式上各有观点，但在这一节上，倒从来都是一致的。

真要说有问题，问题就产生在之前高宗未经研讨，太过轻率作出表示，授权岳飞。

但在岳飞，自然认为这就是君有戏言、言而无信。而且，岳飞肯定也想到是张浚拆台。所以，张浚找他探讨措置淮西部队时，岳飞其实是按捺着情绪的。

张浚是个忠正清廉之名臣，强硬的主战派，这一点，倒是没有疑点与争议。

但是，张浚的才能与器量，却都令人遗憾。说他“成事不足，败事有余”，还真不过分。我个人认为：宋高宗被贴上不思进取、偏安江南的历史标签，追溯最大责任人，其实不是秦桧，不是张俊、刘光世等，不是金国那些“神一样的对手”……恰恰就是这位张浚（此节详解，见“第六型人格：宋高宗”）。

张浚找岳飞探讨淮西军，这主题与对象都有点尴尬——原本是给岳飞的，现在不给了，也明明知道岳飞自己就十分属意，偏偏还要问岳飞：谁合适。

岳飞的回答，鞭辟入里，充分体现出岳飞的专业与智慧。而后来发生的淮西兵变，则完全验证了岳飞分析与判断的精准性。

如果张浚直接问岳飞谁合适，岳飞回答卑职最合适，大家哈哈一笑，倒也乐呵……问题是张浚挨个提名，逼着岳飞使用排除法。

回答这样的提问，过程与结果都很伤人。岳飞只得挨个否定，并给出否定的理由。每否定一人，基本就存在开罪一人的风险……尤其是评价老领导张俊“张宣抚，飞之旧帅也，其人暴而寡谋”，这话传入张俊之耳，张俊不恨死岳飞才怪。

张浚的提名全部被岳飞否定，意兴阑珊，也生气了："就知道！只有你岳太尉行，别人都不行！"

这哪是在探讨军国大事啊！简直像小两口拌嘴了：女的要买衣服，问男的这件怎么样、那件好看吗，男的都说不好并认真给出理由，最后女的生气了，抢白男的：就知道！你就是不想我买！不想我买就明说嘛！男的原本也有情绪，当场怼回去：是你要问我的！你问我，我总要认真回答你吧？

岳飞还真就这样回怼了张浚："都督以正问飞，飞不敢不尽其愚，岂以得军为念哉！"还把自己想要节制淮西军这原本心照不宣之事，给摊开了。

两个都是主战派，都是忠臣，却也闹成这样！

第二天岳飞就辞职，也不等批复，把部队事务交代张宪，自己步行上庐山，为母亲守墓。岳飞辞职的书面缘由是回去为母亲守墓。但这次真说不过去了！谁都看得出，岳飞是情绪化，使性子。

张浚自然大怒，马上奏劾岳飞"积虑专在并兵"——这比奏劾岳飞无领导、无组织、无纪律，性质还要严重得多——然后马上派张宗元前往岳家军监军。岳家军人心浮动，都说"张侍郎来，我公不复还矣"。薛弼请张宪一起唱了个双簧，说是"张侍郎来，由宣抚（即岳飞，下同）请也。宣抚解军政未久，汝辈乃如此，宣抚闻之且不乐。今朝廷已遣敕使，起复宣抚矣。张非久留者"（《建炎以来系年要录》卷一一二），将官们这才安下心来。

李若虚等奉旨到庐山，岳飞一开始还"坚执不肯出"——这其实已经就是抗旨了！李若虚晓以大义，不客气地指出岳飞这样已经跟谋反无异。折腾了六日，岳飞才下山。见到张浚，张浚毕竟正人君子，话都往明处讲，岳飞这时才理屈词穷，问张浚怎么办。张浚教岳飞主动认错请罪。最终高宗没有怪罪，还特地对岳飞表明了自己没有生气，让岳飞安心。

但是，特地说自己没生气，按成年人的心理规律，通常是很生气了。

而且高宗引太祖"犯吾法者，惟有剑耳"，这显然是强烈警告的信号。

但不管怎么说，岳飞无意识地又一次冒险，以安然无恙告终。

这次风波，还暴露出一个大问题。

岳飞弃军而去，张浚马上派专人前往接管，却发现军心浮疑，根本指挥不动。最终还是得岳飞的亲信出力并借用岳飞名义，才堪堪哄住。

暴露出的大问题就是：赵家出钱养的军队，却不姓赵，而姓岳！还有，姓韩、姓张、姓刘、姓杨、姓吴……

淮西军原本姓刘，称为“刘家军”，主帅刘光世。

淮西兵变对高宗的心理冲击是非常大的，甚至很可能成为高宗内心里从北伐恢复到江南偏安的分水岭。

局势逐渐趋于相持状态，宋军北伐与金兵南侵，彼此高层都意识到不是那么容易的事。但最关键的，还是高宗的内心，已经不可逆转地倒向了求和与偏安。军队战斗力当然还要保持，但在最高决策者的心里，使命却已经改变——不再是雪耻恢复，而是战略防御、以战逼和，变成了谈判桌上的筹码。

攻，不是选项；守，不是问题——来自外部的威胁，虽然不能完全不考虑，但肯定不再是首要考虑的。

宋高宗现在首要考虑的，应该是如何处理这些实力派武将们，变军队私家化为军队国家化。

当然，处理是必定的。但杀戮，却不是必定的。

高宗的目的是削夺武将兵权，实现军队国家化。武将们只需配合，顺从交出兵权，一样可以富贵终老。还如宋太祖当年，杯酒释兵权。

绍兴十一年，岳飞两次迟到。

第一次迟到发生在三月，这次迟到后来被万俟卨罗织为“不即策应，为拥兵逗留，当斩”的一条罪行。

金兵攻淮西，情势十分危急。所以高宗连发十七札（万俟卨定罪时为十三札，估计十三札为高宗亲发），命令岳飞火速支援。为什么连发十七札？从岳飞上奏可以看出端倪——岳飞并未积极听命，反而建议趁机捣虚北伐。史书略有曲笔，为岳飞圆场，说是岳飞得重感冒，影响进程——问题是，岳飞为什么不命令张宪、岳云，率领前锋兵力急行军呢？

八个月前，岳飞朱仙镇大捷，正要乘胜追击，直捣黄龙，却被诏令班师，岳飞极为痛惜愤懑。所以，这次消极奉旨，会不会因为情绪？不能说没有这种可能性。

第二次迟到发生在四月，《建炎以来系年要录》卷一四零：

以柘皋之捷，召韩世忠、张俊、岳飞并赴行在，论功行赏。时世忠、俊已至，而飞独后，桧与参知政事王次翁忧之，谋以明日率三大将置酒湖上，欲出，则语直省官曰："姑待岳少保来。"益令堂厨丰其燕具，如此展期以待，至六七日。及是，飞乃至。

关于这次迟到，几部史书均一笔带过，未作深度解读。尤其是高宗，没有相关的情绪言语的描写。

但我觉得，这一次看似简单的迟到，其实极不简单——很可能，就是促使高宗下决心杀岳飞的最后一块砝码。

与绍兴七年那次辞职不同，那次都是帮助转圜、息事宁人的君子。这次，则是推波助澜、放大事端的小人——秦桧与亲信王次翁看岳飞迟到，故作高调，煞有介事，彰显出所有人等岳飞一人、且一天等一天的局面，这局面是做给高宗看，刺激高宗的，对岳飞当然极为不利。

迟到一两天，还可以解释。迟到六七日，怎么解释呢？

岳飞为何来迟？是否又是一次情绪化所致？从第一天等到第七天，宋高宗每一天都有什么样的心理活动……这些，史料均未记载，也就不得而知了。

从人格性格角度推断，笔者倾向于认为：岳飞的这次迟到，极大可能有情绪成分——这是岳飞的心理模式与行为模式，也是一种路径依赖，改不了的。

如果推断成立，这应该是岳飞无意识的最后一次冒险。

（关于宋高宗杀岳飞的心理分析，详见“第六型人格：宋高宗”）

岳飞的这种“无意识冒险”案例，极具现实借鉴价值，尤其是在婚恋、亲子、上下级等方面。往往双方都是有很深感情，彼此都非常在乎，但是不知道为什么，一方总会无意识地作出反智行为，明明知道另一方的心理“雷区”，偏偏就要去踩。

踩的结果，自然是被踩的一方怒不可遏，踩的一方这时又真心后悔。被踩的最后选择了包容，踩的暗下决心不再干这样傻事……不幸的是，过了一段时间，又来了……

那些无法控制自己“踩雷”的，通常都是第六型人格，偏五侧翼，“一对一”副型。

宋高宗

好几只遒劲有力的手，牢牢捉住了王渊的手臂，一声喊，同时发力，王渊被硬生生从马上揪扯起来，重重摔到地面上。

王渊被摔得眼冒金星，等定住眼神，看清楚一张熟悉的脸。——刘正彦！

刘正彦拔刀，一刀砍下。

王渊被杀，“苗刘之变”（又称“明受之变”）正式启幕。

时为建炎三年（1129 年），三月，宋高宗坐上皇帝的位子才三年多。陈兵宫门的苗傅、刘正彦，远远看到高宗，还是带头跪下，山呼万岁。苗、刘这次兵变的初心，公私都有，而客观地说，公义远多于私利。比如：严肃追究黄潜善、汪伯彦弄权误国的责任，追究王渊不战而逃的责任，整治宦官骄奢干政的风气……所有这些，可以说都是当时的人心所向。苗、刘说王渊已经处决了，要求高宗交出康履、曾择，一并处决。高宗只好交出康履。众目睽睽之下，看着康履先被腰斩，再剁成肉泥，然后砍下头挂起来，跟王渊的人头遥遥相对。对于苗、刘所谓的“功多赏薄”，高宗当场授予苗傅庆远军承宣御营使、都统制，刘正彦渭州观察使、副都统制的官职，然后让他们率兵回营。出乎意料的是，苗、刘这次没有按臣下应有之礼，跪拜接诏，反而很不客气地提出了一个让高宗五雷轰顶的要求——逊位！苗、刘要求高宗内禅，传位给年仅三岁的皇子赵旉，请孟太后垂帘听政。至于高宗，则给一个“睿圣仁孝皇帝”的尊号，退居显宁寺改为的睿圣宫，修心养性去。

高宗让人去请孟太后。

三月的北风，料峭刺骨。《续资治通鉴》卷一四零：

是日，北风劲甚，门无帘帷，帝坐一竹椅，无藉褥，既请太后御楼上，即立楹侧不复坐，百官固请，帝曰：“不当坐此矣。”

皇帝也站着，这极具违和感的场面，让在场的大臣们非常不安，再三请高宗安坐。高宗没有坐，一直站着。

高宗应该意识到，这一次的危险，超过以往任何时候。眼下形势，已成刀俎鱼肉。自己生死，全在苗、刘的转念之间。稍微一个处理不当，这些武人没有什么做不出来的。而从客观利害出发，苗、刘最正确的做法，就是一定不能让自己活着。只有杀了自己，才可以绝了其他实力派的念想，把复辟的可能性降到最低。而复辟，就意味着苗、刘的末日。个中利害，苗、刘一点都没想到吗？苗、刘没想到，他们身边的人也都没想到吗？面临绝境，宋高宗反而一点也不怕了。

孟太后不同意苗、刘的提议。她尽力回护高宗，认为高宗并无大错，且自己一个老太太抱三岁小儿主持朝政，会为敌国所笑。

苗、刘情绪激动，一边“作解衣袒背之状”，说太后不答应，大家只好“解衣就戮”……明示以苦谏；一边告诉孟太后，士兵们早饭都没吃，饿了半天，“事久不决，恐生他变”，潜台词是大家的忍耐是有限的……暗示以威胁。

《续资治通鉴》卷一零四：

太后还入门，帝遣白以事无可奈何，须禅位。胜非泣曰：“逆谋一至于此，臣位宰臣，义当死国，请下楼面诘二凶。”帝曰：“凶焰如此，卿往必不全。既杀王渊，又害卿，将置朕何地！”乃挥左右稍却，附耳曰：“朕今与卿利害正同，当为后图；图之不成，死亦未晚。”遂命胜非以四事约束傅：一曰尊事皇帝如道君皇帝故事，供奉之礼，务极丰厚；二曰禅位之后，诸事并听太后及嗣君处分；三曰降诏毕，将佐军士即时解甲归寨；四曰禁止军士，无肆劫掠、杀人、纵火。如遵依约束，即降诏逊位。傅等皆曰：“诺。”

这时候太亢，有可能自取其辱，甚至激怒对方而遭不测；太卑，则容易招致对方彻底轻慢，再无敬畏之心而一样易遭不测。既要摆架子，但又不能太摆架子；既要顺从，但又不能太顺从——全在于一个度的拿捏。

高宗冷静地制止了朱胜非的义愤冲动。形势不利，必须最大限度保存实力，避免无谓折损。同时向效忠的臣下既示以感情上的爱惜，又给予利益上的笼络。

日后，朱胜非果然出色地扮演“两面人”，巧妙周旋，为复辟起了非常关键的作用。

高宗跟朱胜非耳语的后半句，“图之不成，死亦未晚”，充分体现了第六型人格的心理模式：先做最坏的打算，再做最好的应对。

审时度势，逊位势在必行。于是，高宗开出“价码”：苗、刘如果答应他的四个条件，他就降诏逊位。

这四个条件提得非常有策略，尤其是第一条与最后一条，第二条、第三条则是凑数的废话——凑数也不全是废话，四条比两条，感觉上显得更煞有介事，更郑重其事。

果然，苗、刘当即满口答应。

接下来一个多月，局势很是吊诡。

苗、刘控制了杭州，皇宫在他们的包围之下。外围张浚、吕颐浩积极联络、组织勤王军队，整合了张俊、刘光世、韩世忠等部，兵锋逼近杭州。苗、刘的政治智商实在是不高，内被朱胜非、外被张浚虚与委蛇，几近玩弄于股掌之间。忠，不忠彻底；反，又不反到位；既忠又反，反了还想着忠，首鼠两端，进退失据……最终，勤王军队还没到，高宗就复辟了。有意思的是，高宗复辟，根据朱胜非的话，还是与苗、刘商议之后，达成的一致意向。

再往后就更无悬念了。苗、刘政治上“小白”，军事上也好不到哪里去，听说韩世忠统军逼近，“忧恐不知所出”，心理上先认了输，然后天真地去找高宗，求“护身符”。苗、刘与高宗签订两不相害盟誓，外带签字画押的丹书铁券，带着两千兵马仓皇出走。走得不甘心，想点一把火，却碰到下雨，没烧起来。一度把控了权力中枢和皇帝身家性命的京畿将帅，沦落成流寇。同年七月，苗傅、刘正彦被抓到建康，处以磔刑。

“明受之变”以高宗完胜收场。

苗、刘二人智识与权谋不济，固然是一大因素。但是，苗、刘二人能够当上高级军官，也绝非愚钝平庸之人，岂是王夫之所说的“二健卒耳”——很大一部分原因，还在于高宗的应对。

当时，高宗已经不再具有任何物质层面的筹码。整个杭州城在苗、刘控制之下，连高宗自己卫队头目——御营中军统制吴湛，暗中也是苗、刘的人。

说好听点是太上皇，说不好听一点，高宗就是苗、刘软禁的囚徒，生杀予夺，是随时的事，尤其是在外围磨刀霍霍的背景下。

安危生死，取决于苗、刘的心念与情绪。也就是说，高宗要安然无恙，就必须尽可能在苗、刘的心智中，有足够正面的形象与分量，让苗、刘信任、放心……乃至尊重。高宗无疑成功地做到了这点。

复辟的具体事务，高宗其实没做什么，也做不了什么。高宗做的事，就是表演。高宗成功地把自己扮演成一位不卑、不亢、不争、不怕、宽厚、和平、淡泊……而又尊贵的、退居二线的老领导。即使是包括苗、刘在内的百官上表，请高宗复辟——这可是高宗梦寐以求的，但他没有表现出一丝高兴和急切，反而是各种推辞，戏份演到了十足。正是这样的人设，让苗、刘不仅不对高宗产生恶感，还始终尊敬和信赖他。因为信赖高宗是这样的人设，本能就不会太多担心自己的下场，于是始终都没有鱼死网破的念头，以及激烈粗暴的行为。决定他们行为的，是他们的心理——高宗成功地影响了他们的心理。

第六型人格的凋零方向是第三型。在压力状态下，第三型人格的一些典型特质会在第六型人格身上强化起来。第三型人格的“变色龙”适应环境与表演能力，高宗发挥得淋漓尽致。

为达到目的而卖力表演，这在健康层级低的第三型人格身上是很常见的，社会化表现出来，就是一个骗子。说苗、刘被高宗骗了，一点也不为过。

其实，这一招高宗一直都在用着。

对于金国，高宗一边示弱、示好、求和，一边积极整军备战。这样做客观上还是有好处的：一是骄敌，二是让金国输了里子但赢了面子，心理平衡，不至于恼羞成怒——毕竟，父母妻儿都在对方手里。

对于岳飞，先前包容与隐忍，后来决绝与残忍，不能说没有欺骗的嫌疑。

第六型人格的“逆商”是最高的。被逼到逆境、绝境时，反而进入最佳状态。虽然这样，但潜意识里，毕竟是高度紧张的。《续资治通鉴》卷一零四：

时两宫音问几不相通，太后遣小黄门至睿圣宫白曰："早来不得已，已贬张浚。"帝方啜羹，不觉覆羹于手。

所以，韩世忠最先抵达时，高宗知道这下彻底安全了，潜意识中紧绷的弦突然放松，才会有"步至宫门，握世忠手恸哭"这样短暂的忘情失态。

这些细节，《宋史·韩世忠传》《续资治通鉴》等分别叙事，记载韩世忠于苗、刘遁逃的当夜进城，最先见到高宗，张俊、刘光世稍后，张浚、吕颐浩次日白天才率勤王大军进城，这更为符合逻辑。《宋史纪事本末》卷十五则来个"大串烧"：

颐浩、浚等入城，世忠手执王世修以属吏。浚等见帝，伏地涕泣待罪。帝慰劳再三，谓浚曰："曩在睿圣，两宫隔绝，一日啜羹，忽闻贬卿，不觉覆手。念卿被谪，此事谁任。"解所服玉带赐之。帝握世忠手，恸哭曰：……

说是吕颐浩、张浚、张俊、刘光世、韩世忠等一起见高宗，高宗情绪稳定，对大家慰劳再三，还跟张浚说了自己浓汤泼手的事，解下身上玉带赐张浚……最后，才握着韩世忠的手恸哭。

这显然不合逻辑，也不合情理。除非把人物由宋高宗改成韩夫人，那倒还说得过去。

即便悲喜交集，失态恸哭，第六型人格依然牢记着还未拔除的危险，第一时间作了安排。《续资治通鉴》卷一零五：

初，帝见韩世忠，握手语曰："吴湛最佐逆，尚留朕肘腋，能先除乎？"

韩世忠表示这小意思，转身就去把苗、刘暗中的同党、御营中军统制吴湛拿下。

"明受之变"后，宋高宗还在皇帝位置上坐了三十三年之久。复盘高宗一生，虽然初期不乏险境，但真正最具生命危险的，还就只有这一次。

这次兵变，对高宗的内在心理，无疑产生了非常大、非常深、非常远的影响。

一是戒惧武将。多年后削夺诸将兵权、冤杀岳飞，跟此变关系极大。

二是开始亲政、勤政、修德，一直持续到绍兴和议之后。

三是对北伐恢复，增加了更多的负面考量。

对于宋高宗的人格类型，由于受到“逃跑主义”“投降主义”“偏安江南”等这些经典“标签”的影响，一度被判断为第六型、偏七侧翼、自保副型，也就是所谓的“正六”——包括高宗冤杀岳飞，也是因为投降求和的需要。

宋高宗的第六型人格特质外在表现，一是对家庭成员和故旧的态度，二是风险意识。

对于家庭成员，高宗表现出相当的责任感。

高宗自己的父母俱被金兵掳走，因此，长辈里面，就是硕果仅存一个孟太后。按照亲缘，孟太后是高宗的伯母——孟太后原本是宋哲宗的废后，被迁出皇宫，徽宗朝一度恢复名位进宫，后再度被废而出宫。恰好因为被废，金人按名册搜捕皇室成员时，孟太后就机缘巧合被遗漏下来，从而逃过靖康之难。

张邦昌迫于形势，按金人要求成立伪楚，名义上当了皇帝。金兵一撤，张邦昌赶紧把孟太后请出来主持局面。孟太后写信给时为康王的高宗，请他尽快登基。“明受之变”时，孟太后对高宗回护有加，配合默契，共度难关。建炎三年，金兵突入江南，高宗海路出逃，孟太后则走陆路，都是险象环生，狼狈不堪。

这对名分上的母子，的确称得上患难与共。孟太后对高宗是有恩情的，而高宗对孟太后确实也尽了人子孝心。一接回孟太后，高宗就细问一路所经过的地方官员接待得周到还是不周到；孟太后有喝酒习惯，高宗认为越酒不好，叫人特地另买……可见高宗对孟太后的在乎和细心。

孟太后确实贤良而智慧，她两次主持大局，为赵家撑场兜底，最高权力交在她的手上，而她都完璧归“赵”，且恭谨始终，自觉避免任何自恃、干政的行为……除了一次。孟太后在自己生日的家宴上，向高宗说出了唯一未了的心愿：史录对高宗的曾祖母、宋英宗皇后高氏有所歪曲，希望高宗能够修改有关记载。

这虽属公事，但显然是私情成分为主。但是事主是高宗自己的曾祖母，高宗去办自然不会有任何违和感。但高宗能够当下“闻之惕然”，回头很快落实，也可见其孝心。

必须承认，后世的史料，都不可能百分百做到客观与精确。对于高宗，一样存在杠杆效应——编撰于宋代的史料，或者参选宋代史料的后世作品，难免存在被修改、洗白和美化的可能性；而宋亡后编撰的史料（如《宋史》），则又因为参与的知识分子普遍同情岳飞、憎恶高宗，于是又出现抹黑和背锅的现象。起因还是孟太后。《宋史》卷三六五：

初，以隆祐震惊之故，密旨令飞屠虔城。飞请诛首恶而赦胁从，不许；请至三四，帝乃曲赦。人感其德，绘像祠之。

高宗反复密令岳飞屠城，原因仅是当年孟太后逃亡至此，卫兵与乡人因所用的钱币不通而发生争斗——这种并未产生实质性后果的小误会。这既完全不符合高宗的心理模式，不符合高宗至少在表面上反复强调爱民如子的人设，也完全不符合孟太后的价值观，高宗即使做了也不能拿去向孟太后讨喜，还得保密，不为所有人所知，还得当心天谴……高宗这么做，百害无一利。

所以，这件事，是否客观事实，值得怀疑。

对于自己远陷于苦寒敌国的父母，高宗是锥心的。《宋史》卷二四三：

绍兴七年，徽宗及郑皇后崩闻至，帝号恸，谕辅臣曰：“宣和皇后春秋高，朕思之不遑宁处，屈己请和，正为此耳。”

既然在乎，何不北伐？这个问题，后面会专门探讨，先按下不表。

高宗的父亲徽宗客死异国，母亲韦太后则于绍兴十二年，作为和议条件，与徽宗梓宫一起被送回。此后高宗对自己生身母亲，尽孝自不必言。

高宗有两任皇后，五个女儿，一个儿子。第一任皇后为康王妃邢秉懿。邢妃靖康之难被掳，高宗登基后，遥册邢妃为皇后，空着后位等了十六年。而邢皇后在绍兴九年身故，金人封锁了消息，直到绍兴十二年韦太后南归，高宗才知道斯人已逝。

有人会说高宗是作秀——对于视女性为附属品的那个时代，即使是作秀，也已经很不容易。

说高宗作秀，“抓手”应该是高宗登基初期，热衷宫闱之欢一事。

对于这事，不应该忽略另一种考虑：靖康之难后，皇室人口基本被一网打尽。男丁只剩高宗自己和刚刚出生的儿子赵旉。而在当时主流价值观来说，传宗接代是天大的事，当时又没有人工授精、试管婴儿什么的，要传宗接代，性生活就是前提，是必不可少的一个环节。

别人眼里的男欢女爱，对于高宗，可能就是工作与责任。高宗后来丧失生育能力，会不会因为这件事上面心理压力过大，也不能说完全不存在可能性。

吴贵妃于绍兴十三年被册立为皇后。高宗与吴皇后的婚姻，在历代帝后中，算是一个奇迹：从 1128 年吴氏十四岁进宫算起，到 1187 年高宗驾崩，两人走完一个金婚（五十年）外加九年零头。

高宗被掳的五个女儿，最大的才四岁，因为太过年幼，三个夭折于途中，另两个后来生死未知，很可能也没有活到成年。

高宗唯一的儿子赵旉，“明受之变”一度被立为皇帝，当时才三岁。几个月后跟随高宗到建康，病中受到意外惊吓而夭折。高宗因此停朝五日，可见受到不小的打击。

高宗在治国任事上，任人唯亲的倾向是非常明显的。掌权的文臣武将，基本是前朝故旧，有共事经历者尤其优先（如黄潜善）；宠信的内侍则更早，康履等人均来自康王藩邸。“中兴四将”中，韩世忠、张俊、刘光世均参加了勤王复辟，此三人都得以安享终老。岳飞虽未参与复辟，但高宗以康王身份滞留相州时就认识了岳飞，所以也算是故旧。

勤王复辟无疑是对高宗雪中送炭的一次效忠，是有恩情的。假如岳飞适逢机缘，得以共襄其事，高宗会不会放过岳飞，也不能说完全没有可能性。

勤王复辟组织者张浚、吕颐浩均进入权力中枢。尤其是张浚，高宗一度对其信任到“时上赐诸将诏书，往往命浚拟进，未尝易一字”（《续资治通鉴》

卷一一八）。

但是，坚定的主战派，私德也堪称正人君子的张浚，在肩负高宗的信任与重托时，却因志大才疏，最终成事不足，败事有余。

可以说，高宗原本是有可能跟刘秀一样，以骄人武功彪炳史册。但结果不仅没有彪炳史册，反而被历史灰化，骂声不绝。追本溯源，导致这一结果的，不是主和派大奸臣秦桧，而是主战派大忠臣张浚！

张浚主导了两次关键的大败局——两次本不应该的大败局！

第一次大败局是建炎四年（1130 年）的富平之战。

此战原本大优势在宋军，但主帅张浚刚愎自用，没有采纳其他将领意见，利用金兵部署未到位时发动进攻。而是犯了宋襄公一样的错误，下战书约定时间决战；而战前准备与动员工作又严重不到位，战斗开始之后，面对金军攻击，指挥不力，最终导致动员近 20 万宋军及川陕数年物力所进行的富平之战，仅交战半天，就以宋军的溃败而告终。

这场溃败严重打击了宋军士气。富平之战后，金军乘胜进攻，导致南宋基本丧失了陕西这个极为重要的战略区，再也无法从侧翼对金产生威胁。

富平之战，张浚理所当然是第一责任人。但高宗对张浚非常宽容，毕竟，胜败乃兵家常事，一次失败，不能说明什么。

虽然这是非常沉重的一次失败。

第二次大败局是绍兴七年（1137 年）的淮西兵变。

这次败得就更窝囊了——还没开战，四万淮西军叛降伪齐！

淮西兵变的第一责任人，还是张浚。

张浚这时已经着手从武将手里回收兵权，第一个对象是作战不力的刘光世。刘光世本人倒也配合。但对权力人事重新安排时，张浚重犯刚愎自用的错误，没有听取岳飞、张所等人的建议，急于求成，且又用人不当，办事不严，最终导致原隶属刘光世所部的统制官郦琼等发动叛乱，杀死监军官兵部尚书吕祉等人，裹挟全军四万余人，投降金人傀儡伪齐。

认为这是高宗的决策，这种观点有“黑锅”之嫌。高宗本意是让岳飞节制淮西军的。如果由岳飞来节制，兵变基本就不可能发生。

但高宗后来还是改变主意了——在张浚的劝说下。

淮西兵变对高宗的心理打击是非常大的！这四万军队，不仅仅是驻守，高宗当时，想的是北伐！是恢复！

四万军队，原本用于进攻伪齐的“我军”，突然翻转变成“敌军”，这一进一出，损失的不是四万，而是八万！

张浚作为第一责任人，引咎辞职。高宗被张浚一再误事，内心实在是气苦，也起心动念要重罚张浚。但所谓重罚，也就是派到边远地区去当官而已。

高宗认为张浚“误朕极多”，这话是客观的。赵鼎为张浚求情，一是张浚母亲上了年纪；二是有组织勤王复辟的大功。高宗认为张浚是有功，但自己早已兑现了相应的奖赏，可见高宗对于奖惩公平，还是清晰的。赵鼎后面的话看似有道理，其实苍白无力。高宗还是宽容了张浚，并不是因为这些道理，还是因为故旧恩情，外加张浚母亲年老。

《宋人轶事汇编》卷十四侧面记载了高宗与张浚无关军国大事的家常互动：

高宗尝问张魏公：“卿儿想渐长成。”魏公对曰：“臣子栻，年十四，脱然可语圣人之道。”及隆兴初，魏公督师，南轩以内机入奏，引见德寿宫，首问魏公起居饮食状，又问：“卿几岁？”对曰：“臣年三十一。”又问：“卿母安否？”对曰：“久失所恃。”上愀然久之曰：“朕记得卿父再娶时，以无继嗣，曾来商量。朕与卿父义则君臣，情同骨肉。”或谓高宗晚年追悼明受，不满魏公，至有“宁失天下不用张浚”之言，殆不然也。

君臣拉家常，足见亲近。已经禅位退休的高宗，特地召见张浚儿子，关心张浚，并说自己与张浚“义则君臣，情同骨肉”，这确实是一句真心话。但作者根据这些温情款款，从而推断高宗因不满张浚而说过“宁失天下，不用张浚”可能不是事实，却又想当然了。

“义则君臣，情同骨肉”，是高宗的真心话；“宁失天下，不用张浚”，也是高宗的真心话！

只是，应该不是因为追悼明受，而是富平之战与淮西兵变。

淮西兵变发生后，史料上记载了高宗对这件事的追悔及补救，但没有记载高宗内心深处的感悟！

根据此后南宋大政方针的转变情况来看，淮西兵变应该成为高宗内心深处由攻转守、由战转和、由进取转守成、由对外转对内、由积极转消极、由抗争转认命的契机。

后来，命运对高宗又开了一次玩笑，更坚定了高宗转变的决心。那就是戊午和议！

说起绍兴和议，通常会认为仅指绍兴十一年底签订，次年生效的那次。绍兴十二年（1142 年）是壬戌年，故又名“壬戌之盟”。其实，“壬戌之盟”之前，宋金在绍兴八年（1138 年，戊午年）就曾达成和议，称“戊午和议”。金积极履约，把占领的河南、陕西故地割还给宋，并答应归还徽宗梓宫、钦宗、韦太后及其他亲族。不战而收复失地，当然振奋人心！接收治权、委派官员、安抚地方……南宋朝廷上下，忙得不亦乐乎。形势转眼就变了！次年，金国就发生了政变，主战的完颜宗干与完颜宗弼（兀术）杀死主和的完颜宗磐和完颜昌（挞懒），撕毁和议，以宗弼为帅，兵分三路，由川陕、两淮、京西向宋军进攻，仅一个月就夺回了河南、陕西。金军想扩大战果，进一步南侵时，发现力有未逮。宋军抵御了金军锋锐，并由刘锜的顺昌大捷开始，转入战略反攻。接着，岳飞又在郾城与朱仙镇大败完颜宗弼。北方义军也活跃起来，遥相呼应。就是这一片大好的形势，遂有岳飞那一句“直抵黄龙府，与诸君痛饮耳！”

这次的大好形势，日后成为高宗的“负资产”之一，备受指责——因为高宗命令部队全线回撤，痛失了一次最佳的北伐机会。

被一日之内连下十二道金字牌，岳飞“愤惋泣下，东向再拜曰：十年之力，废于一旦！”（《宋史》卷三六五），无奈之下，奉诏班师。

也就是从这次事件起，人们开始指责高宗有能力北伐，却故意不北伐，原因是担心北伐胜利后迎回钦宗，自己作为皇帝的合法性受到威胁。

如果结合整个时间轴分析，可以发现，高宗这么做，根本就不是因为钦宗，而仅仅是因为单纯的军事考量！

更深一层，则基于宋高宗的第六型人格特质。第六型人格还有两大特质：风险意识，顺境恐惧症。前者显性，后者隐性。

与第三型人格相反。第三型人格先看愿景，再看风险，执行过程中放大愿景而忽视风险。第六型人格则先看风险，再讲愿景，执行过程中，如果是逆境还好，如果是顺境，则会持续放大风险，而在潜意识中，对愿景产生不安。

这种不安，就形成了顺境恐惧症。所以，见好就收、急流勇退，及时终止顺境，被不少第六型人格奉为圭臬。

第六型人格登上人生最高峰的时候，这种潜意识中对顺境的不安，也达到峰值。所以，逆境甚至绝境中的第六型人格从容淡定，而顺风顺水、成功登顶之后，反而变得惶惶不可终日，疑神疑鬼，做出乖戾病态的事。

皇帝里面，汉武帝、朱元璋，都是这种心理、行为模式的典型。

为了让自己人生永远不登顶，有的第六型人格会为自己立下标杆过高而又人畜无害的目标，这种目标通常是一种不可能达到的高度——比如圣贤。

这种第六型人格极度自律，有极高道德要求，容易被当成第一型人格——曾国藩就是典型。

宋高宗担心军队继续北上，逼近金国本土，战线拉长，不确定性增加，有先胜后败的风险——痛失北伐良机固然该批，但这样的考量，也不能不说情有可原。

毕竟，北方游牧民族骁勇强悍，不同于南陈与南唐这样斯文软弱，可以摧枯拉朽。北宋在国力鼎盛之时，尚且始终奈何不了辽与西夏。女真崛起南侵，更是如入无人之境，转眼间国都沦陷，宗室蒙难；之后又扫荡江南，自己与太后狼狈逃难……这样的对手，让高宗自信心满满地去面对，是不现实的。

还有，岳飞虽然战绩骄人，但也不是不败金身。建炎四年，“通、泰镇抚使兼知泰州”的岳飞失守通州、泰州，岳飞当时还有一个任务是增援被围的楚州，这个任务也失败了，金军攻陷楚州，最终岳家军退屯江阴，“飞以泰州失守待罪”。

真正的缘由是富平之战与淮西兵变!

富平之战与淮西兵变严重打击了高宗的信心与斗志。空欢喜的戊午和议，凭空得来而又复失的故土，戏剧性翻转……对于和意已定的高宗，这些都不重要了。高宗对形势有自己的判断，并开始思考更重要的另一件事。

高宗认为宋金已经进入对峙相持的宏观局势。一时的交手，或有高下，但谁都无法彻底吃掉对方。

如果是这种局势，那议和可能不是最佳选项，但一定是最划算的选项。

并不是高宗一个人这样看。哪怕信息充分、持有“后见之明”的后世学者，持此观点者也不在少数。王夫之在《宋论·高宗》中就旗帜鲜明地认为，即使不诏令班师，而是举国之力支持岳飞北伐，收复汴京、陕西应该没问题，但真要如岳飞所言直捣黄龙府，则基本不存在可能性。何以故？王夫之说得很辩证：所谓强弱，不是静态的和绝对的——情急之下，弱可变强，劳师远征，强可变弱。所以，金越主动往南进攻，受到的反击力度就越大，此理对于宋而言，亦然。

高宗之后，南宋先后发动过两次北伐：隆兴北伐与开禧北伐。彼时，久享安逸的女真军队战斗力已经大不如前——但即便如此，两次北伐还是以失败告终。

如果谁都无法吃掉谁，保持战争状态会迫使双方持续损耗兵民生命和军需物质，从而疲于奔命、两败俱伤，结果却均无收益。而处于交战前线及附近的地区，则注定要成为焦土，生产力基本被彻底摧毁。

所以，南宋在军事略占上风的情况下仍然订下条款屈辱的和约，虽然令人在情感上很难接受，但从社会现实来权衡，即使激烈抨击高宗偏安乞和、自毁长城的清代史学家钱大昕，也认为“以时势论之，未为失算”。

高宗虽然拿定主意议和，但他深知，战才是和的保障，所以仍然对武装力量维持原状。果然，不甘心失败的完颜宗弼在两年后的绍兴十一年（1141年）正月，亲率十万大军进攻淮西。宋军张俊、杨沂中、刘锜等部在柘皋击败金军，但随后北上追击反败于濠州，损失惨重。岳飞率部赶到，战争已结束，金军渡淮北归，宋军大部也退回江南。

柘皋之战，颇有点当时局势的缩影：谁进攻，谁吃亏。

战后，宋金相互遣使，真心和议，于同年底十一月，达成盟约。

柘皋之战之后，和议达成之前，高宗着手实施他认为更重要的另一件事。削夺武将兵权，变军队私家化为军队国家化。

其实，这并非高宗一时的创意或冲动——这原本就是宋朝立国起一直秉承的“家法”。但因为金兵入侵太过峻急，北宋极短时间内覆亡，国家正常体制被彻底打乱，为了抵御外敌、平定内寇，南宋建国初年，武将崛起，形成极大的势力，并且名、实上都是私家军的模式。

国家承担着军队的费用，军队的实际控制、指挥、影响却都取决于武将。绍兴七年（1137年）四月，岳飞负气上庐山，张浚马上派专人前往接管岳家军，却发现军心浮疑，根本指挥不动。最终还是得岳飞的亲信张宪出面并借用岳飞名义，才堪堪哄住。

如果岳家军这个小插曲只是让高宗认知到隐患的可能性，那么，旋踵而至（同年八月）的淮西兵变，则让高宗痛苦地体验了隐患的现实性。

第六型人格的潜意识核心需求，就是安全。当年苗、刘兵变留下的心理阴影，不可能得到淡化。高宗坚定地认为，最大的危险不是外敌，而是自己的武将。

只是当时对金战争的威胁没有缓解，淮西兵变再次上演是绝对不能接受的，所以，高宗没有轻举妄动，选择了他最擅长的——也是第六型人格最擅长的——隐忍！

一直隐忍到柘皋之战结束。

高宗很幸运，他正确判断了形势，宋金在和议上相向而行。高宗更幸运的是，他的武将们虽然强势，但也仅限于或闹意气、或报私仇、或敛私财，大的伦理礼法上，忠心还是没有问题的。

武将们的忠心和配合，使得这场由高宗决策并授权、秦桧主持执行、宋朝自宋太祖“杯酒释兵权”以来的第二次削夺武将兵权，得以平稳过渡，顺利完成。

问题来了：既然平稳过渡、顺利完成，为什么还要杀害岳飞？

冤杀岳飞，这是宋高宗无从逃避、铁案如山的一次罪行，是其本人一生最大的“负资产”！而且，已不存在任何翻案与洗白的头寸。

宋高宗的这一罪行，不可原谅。只不过，可以理解。

理解绝非谅解！理解不涉及法理、道德、感情，仅仅只是从学术与常识层面，还原出“犯罪嫌疑人”的心理动机和行为逻辑。

不是做“无罪推断”，而是“无心智障碍和精神障碍推断”，推断宋高宗的智商与精神都正常——这角度来说，与“无罪推断”恰恰相反：宋高宗如果精神失常杀了岳飞，那倒真是“无罪”。

宋高宗杀害岳飞，原因反而非常简单，源自第六型人格的典型两大特质：风险意识与责任意识！

风险意识其实衍生于安全。第六型人格潜意识核心需求就是安全。

宋高宗给自己列出三道题，每一道题，都必须作出正面回答。

第一题：自己在世，岳飞在世，岳飞会不会反？如果反，朝廷能不能控制局面？

第二题：自己过世，岳飞在世，岳飞会不会反？如果反，朝廷能不能控制局面？

第三题：自己过世，岳飞也过世，岳飞的后人或部将会不会反？如果反，朝廷能不能控制局面？

所谓的岳飞后人或部将，指的就是岳家军核心班底，具体到人，就是岳云与张宪。

除了第一道题高宗可以给出答案之外，另外两道他都无法回答。

高宗并不会怀疑岳飞不忠于自己，他相信岳飞，一朝君臣，不会有什么异动。即使有，自己也有足够的手腕与信心，管控整个局面。

高宗不相信的，是自己身后的继承者——相信继承者的品行，但不相信继承者的政治威望与政治智慧。

何况，第六型人格的自我保护机制是“投射作用”。一点点可能性，就可以引发无限负面联想。

如果高宗仅有风险意识而没有家天下的责任意识，那就会像路易十五一样，“在我死后，哪管洪水滔天”，既然大家配合愉快，就愉快到老吧，好歹活着图个和气，死了留个名声。

可惜，宋高宗不是路易十五。宋高宗是第六型人格，本能的责任感，让他强迫自己把该做的工作全部做完！并且做到位——彻底到位。

而彻底到位，另一半动机就是杀一儆百。

武将们虽然大礼不亏，但小节实在是没谱。走私敛财、私仇专杀之类的，从对国家危害性来说，已经算是很小的——因为，还有暗中擅自行动，破坏朝廷大政外交。《三朝北盟会编》卷一九一：

韩世忠闻和议已成，不喜，伏兵洪泽，令诈为红巾，欲候通古等回至楚州，使劫而杀之，坏其和议。

作为军事将领，朝廷的任何决策，你不满意可以反对、可以进谏，但绝对不能利用手中的武装力量，擅自行动，暗中破坏。这种置个人好恶于国家大局之上的行径，无疑是非常危险的，极易产生灾难性后果。

韩世忠本人对高宗是忠心耿耿的，但他的行为，却折射出武将们潜意识中的一个通病——对皇权的轻慢。

包括岳飞数次“使性子”、张俊、刘光世消极执行高宗的作战命令……都是这种轻慢的折射。

高宗希望给武将们一步到位的心理震慑，那么，战功最为卓著、小节上又确实留有“抓手”的岳飞，不幸就成了高宗的最佳人选。

高宗残忍地把岳飞作为牺牲品，应该是特殊情势下的自私选择，而不是因为个人的怨恨——这从一个客观事实可以反证。

高宗如果愿意，他绝对有能力做到两件事——至少他在世的时候。

第一件事是对岳飞后人彻底压制，甚至斩草除根。

第二件事是对岳飞冤案平反的彻底压制。

事实是，孝宗隆兴元年，岳飞冤案即获得平反。“孝宗诏复飞官，以礼改葬，赐钱百万，求其后悉官之。建庙于鄂，号忠烈。”(《宋史》卷三六五）岳飞五位儿子：云、雷、霖、震、霆。除了岳云，其余均获官职，泽及后人。

可能还会有读者要问：岳飞不是都交出兵权了嘛？交出兵权不就没有威胁了嘛？没有威胁杀他干嘛？因为影响力！前有古人司马懿，后有来者袁世凯……不都一度被洗剥得干干净净，在家赋闲。赋闲赋闲着，突然间就逆袭了。看得见的是兵权，比较好办。看不见的，是影响力——这个就不好办了。不用说司马懿和袁世凯，就说南宋本朝吧，第二次削夺兵权唯一没有动到的吴玠、吴璘的吴家军，到第三代，即吴璘孙子吴曦，就于开禧二年（1206 年）叛降金国，还一度自立为蜀王。

宋高宗第六型人格比较易于判断，容易误判的在于其侧翼：偏五还是偏七。由于印象里的逃跑、投降、偏安、享乐……极易误导到偏七侧翼。

高宗第六型的偏五侧翼，主要体现在勇敢和攻击性。

高宗初登历史舞台，不仅不是畏惧逃跑，反而是勇敢请缨，自愿赴险，到金军营中做人质的。《三朝北盟会编》卷三十：

初，金人讲和，要一亲王为质，朝廷议从其请。上召诸王曰：谁肯为朕行？康王越次而进请行……将行，密奏于上曰：“朝廷若有便宜，无以一亲王为念。”既行，邦昌垂涕，康王慨然曰：“此男子事，相公不可如此！”邦昌惭而止。

行前提醒朝廷的决策不要受敌掣肘讹诈，这是第六型人格作最坏打算的习惯与壮士牺牲精神。

有的观点会拿高宗多次逃跑，尤其是建炎三年（1129 年）航海出逃的事实，来证伪其勇敢。航海出逃前夕，差一点又发生兵变。这一次兵变者是高宗的卫士。起因是卫兵们不舍家口，抵制出海。对于随时可能发生的兵变，高宗从容镇定地先稳住局面，然后暗中周密部署，次日亲自披挂率兵，射杀叛卒，将变乱消弭于萌芽之中。而那句“缓急之际，岂可如二圣不避敌，坐贻大祸”（《建炎以来系年要录》卷三十）则说出了高宗内心对风险的焦虑。

第六型人格的勇敢，与第三型的狂热愿景、第八型的藐视风险不一样，第六型的勇敢，很多时候是有前提的，就是值得还是不值得，以及有没有更好的应对。

第六型人格较少做无谓而愚蠢的冒险，更不会为了勇敢而勇敢。

建炎三年，风头正劲的金军雷霆南侵，唯一的战略目标就是捕获宋高宗与隆佑太后。高宗只需让金战略目标无法实现，就是胜利；反之就是失败。

高宗如果头脑发热，或抱侥幸心理，被金兵得逞，则南宋政权马上失去法理与伦理核心，就此变成一盘散沙，山头林立，自相攻杀，家国社稷彻底覆灭。

所以，在那种敌我强弱悬殊的情况下，高宗选择逃避，绝对优于死守或迎战。

当时“恐金”心理普遍存在，孤胆入虎穴生擒敌酋方腊、以忠勇闻名的韩世忠，都曾闻风弃军而逃，兵溃沭阳，《续资治通鉴》卷一零三：

世忠不能当，夜引归，军无纪律，未晚，至宿迁县，不虞金人之踵其后。质明，觉之，奔于沭阳。世忠在沭阳，夜不安寝，与其帐下谋，夜，弃军，乘潮走盐城县。翼日，诸军方觉，遂溃去。

以勇悍著称的战将，尚且如此，何况高宗。

高宗的攻击性则体现在立志北伐上。这么说好像是说反了，高宗不是出了名的阻碍北伐吗？

这里有个阶段性问题。我们前文有说过，高宗有一个心理转折点。在这个转折点之前，高宗是志在北伐的；转折点之后，高宗打消了这个志向，转向议和、偏安。这个转折点，就是淮西兵变！

明受之变后，高宗公开表态，作了自我批评，《续资治通鉴》卷一零五：

辛酉，帝手诏以四事自责：一曰昧经邦之远图，二曰乏戡难之大略，三曰无绥人之德，四曰失驭臣之柄。仍命出榜朝堂，遍谕天下，使知朕悔过之意。

高宗开始亲政、勤政，协调统筹，鼓励臣下，外防金兵，内平贼寇，逐步恢复江南社会经济秩序，再将财税收入用于整军备战。

从韩夫人反映“欠薪”一事，可以看出当时财政的紧张程度，以及高宗对经费预算的优先排序。《续资治通鉴》卷一零八：

时世忠妻和国夫人梁氏言积俸未支，三省奏：“近惟隆祐皇太后殿下所积供奉物，计直供支；潘贤妃勘请已不给。”帝曰：“将帅，朕所委用，当厚恤其家，可特予之，余人毋得援例。”

为了养军，这个时期，高宗的生活是相当节俭的，一度到了吃鹌鹑兔子都克制的地步。

高宗自己节俭，部队的给养是不是也同样寒薄呢？有一个侧面的细节，可以说明真实情况——淮西兵叛降伪齐，除了郦琼等为首的几个军头封官加爵，占绝大多数的基层兵将，却是“正军禀给，皆不及朝廷之数”，于是“人人悔恨”。

高宗在最难的时候，都坚持朝廷养军，而拒绝把财税权交给地方军头，让他们自收自养。高宗知道，这是图一时轻便，埋长远隐患的懒政。真这样，就与唐朝后期的藩镇割据无二。

不开历史倒车，这的确是宋高宗的一大功绩。

也正是多年亲身感受的养军之苦，淮西兵变四万军队一夕叛降，对高宗的心理打击才会如此之大。

到绍兴四年（1134年），江南的基本盘趋于稳定，社会经济进一步恢复，军力也强大起来。高宗对金国虽然继续保持示弱，但其深度隐忍的攻击性，在与近臣的言语之间却有所流露，《续资治通鉴》卷一一三：

丙午，帝谓执政曰："岳飞已复襄、郢，尼玛哈闻之必怒，况今正是六月下旬，便可讲究防秋，傥敌人尚敢南来，朕当亲帅诸军迎敌。若复远避为泛海计，何以立国耶！"

不只是口头豪言壮语，高宗是有实际行动的——绍兴四年（1134年），高宗亲临前线，驻跸处条件简陋艰苦，但高宗没有介意。《续资治通鉴》卷一一四：

壬寅，御舟次姑苏。帝乘马入居平江府行宫。守臣孙祐进御膳，其卓子极弊，且有僧寺题识，帝不以为嫌。

忽视眼前小节，是因为心里有大企图。高宗对赵鼎吐露了这个企图：

"朕念往日艰难，虽居处隘陋，饮食菲薄，亦所甘心。若边境已清，郡邑既安，迎还二圣，再安九庙，帝王之尊固在。"

不久，又说：

"敌已北退，须当渐图恢复。若止循故辙为退避之计，何以立国！祖宗德泽在天下二百年，民心不忘，当乘此时，大作规模措置，朕亦安能郁郁久居此乎！"

绍兴七年（1137年），高宗力排众议，采纳主战派张浚建议，再次北上前线。

条件还是简陋艰苦，"时行宫皆因张浚所修之旧，寝殿之后，庖圊皆无。上既驻跸，加葺小屋数间，为宴居及宫人寝处之地。地无砖面，室无丹雘"。（《续资治通鉴》卷一一八）

这一次，高宗在前线度过春节。

高宗把朝政无比信任地交给张浚，同时把刘光世的淮西军交由北伐最为积极的岳飞节制，亲手诏书"听飞号令，如朕亲行"，还把岳飞叫到自己起居的宫殿，表示大宋恢复中兴大业，军事方面就全权委任岳飞了。

具备正常智商的成年人都知道授权之后又毁诺，对君臣关系是多大的破坏性（岳飞果然负气辞职）。而且，高宗根本不是一个冲动轻浮之人。唯一的合理解释是：此时高宗，对于北伐恢复，是真心实意的！

那些求和、称臣的种种，反而是烟幕弹。

可惜！高宗多年艰难、隐忍、积蓄、准备，正要“锐意大举”的时候，来了个淮西兵变！

淮西兵变之后，北伐恢复的宋高宗不复存在，取而代之的，是偏安求和的宋高宗；壬戌之盟之后，节俭励志的宋高宗不复存在，取而代之的，是逸乐享受的宋高宗。

对于宋高宗，可以有、也已经有大量的负面评价。但是，有一个评价却值得商榷——“荒淫无道宋高宗”。

不理朝政谓之“荒”，不正当男女关系谓之“淫”——如果按这标准，宋高宗恰恰与“荒淫”扯不上关系。

客观而言，高宗登上历史舞台，所面对的内外局势之难，超过历史上其他几位中兴之君。高宗没有夺回其父兄丢失的半壁江山，但是守护了剩下的半壁；坚持财政养军，没有开历史倒车重启藩镇割据；削夺武将兵权，完成军队国家化，定下文官治国的体制基调；认真挑选继承人，较长时间的观察、试探、考验和培养，并在自己状态仍佳的情况下禅位，实现“扶上马送一程”，确保政权衔接与过渡。

南宋朝共传七世九帝，存在一百五十二年，虽然也不能说没有政治黑暗、吏治腐败，但始终没有出现蛮横暴虐的武人干政的情况。

而兵权的切换，也并未导致国防力量严重滑坡。南宋最终亡于蒙古。但是，纵然是当时横扫欧亚大陆，碾压所有对手的蒙古，攻宋却花去了四十多年。

这样的南宋，对其奠基者，“无道”应该不是最适宜的定论。

绍兴和议之后形成绍兴体制，与其祖上大相径庭，宋朝政治氛围与学术氛围均朝着专制、封闭、保守、严酷、黑暗转变。不可否认，在这点上，宋高宗开了历史的倒车。

这种转向，应该是内外两种力量共同作用的结果。外力，是对其祖上政风过宽结局惨烈的反思和矫枉过正；内力，则是第六型人格对严格遵守纪律、个体服从于集体的核心意志的体现。

几乎所有第六型人格都在意纪律，皇帝、军队将领、地方长官、企业家、班主任……这些权责集中的寡头型领导者尤甚。比如岳飞。说岳家军“严格遵守纪律、个体服从于集体”，不会有人异议。而岳飞杀傅庆，显然也有杀一儆百、牺牲个体强化集体的意思。

高宗的人格类型，跟岳飞高度接近——两人都是第六型人格，偏五侧翼，简称“六偏五”。

所不同的是副型（优势本能），岳飞是“一对一”，高宗则大概率是“自保”或“社交”。

“社交”副型对应的是社会责任与人际。

岳飞与高宗，都极具责任心。岳飞更倾向情怀化：天下、社稷、君王、百姓；高宗则更具体务实，聚焦在大宋的赵家，以及赵家的大宋。

七　第七型人格：皇位

刘邦自由自在，玩得不亦乐乎。

张良、萧何、樊哙、陈平……把刘邦架起来，放到皇位上。

刘贺自由自在，玩得不亦乐乎。

霍光把刘贺从昌邑叫到长安，请他坐上皇位。

才坐了27天，霍光就踹了刘贺，换上刘病已。

刘邦

大风起兮云飞扬，

威加海内兮归故乡，

安得猛士兮守四方！

汉十一年（前196年），淮南王黥布反，刘邦亲征。次年，黥布败走。刘邦回师，经过沛，留了下来。《汉书·高帝纪》：

上还，过沛，留，置酒沛宫，悉召故人父老子弟佐酒。发沛中儿得百二十人，教之歌。酒酣，上击筑自歌曰："大风起兮云飞扬，威加海内兮归故乡，安得猛士兮守四方！"令儿皆和习之。上乃起舞，忼慨伤怀，泣数行下。

沛算得上是刘邦事业起点，个人的地理性标志"沛公"亦是由此而来。如今以大汉天子的身份重回起点，刘邦心情自然大不同，于是大摆筵席，召集父老故旧开怀畅饮。酒酣忘情，刘邦自己击筑，且歌且舞，留下了这首简单直白的《大风歌》。慷慨激昂之处，刘邦泪流满面。

撇去神迹祥瑞及曲笔美化，刘邦是地地道道的一个"非主流"。《汉书·高帝纪》：

常有大度，不事家人生产作业。及壮，试吏，为泗上亭长，廷中吏无所不狎侮。好酒及色。常从王媪、武负贳酒，时饮醉卧。

这段文字简练而高效，把刘邦的第七型人格特质基本囊括。

"常有大度"有点功利主义的味道，因为刘邦成功了，就把他当年逃避家人劳作，说成是"大度"。什么大度！其实就是懒。对于辛苦、枯燥、缺乏新奇趣味、没有任何悬念、短时间被剥夺自由的工作，第七型人格本能地逃离。

第七型从来就不是承受者、耐受者，而是一个享受者。第七型人格的中文别称就有"享乐主义者"。

"好酒及色"，差不多等同酒色之徒。这样直书本朝高祖，古时的史家确实值得钦佩。但刘邦如何好色，还是隐讳了；对于好酒，一句话就勾勒到位：喝！赊账也要喝痛快。

赊账喝酒又体现了第七型人格的一个通病：在现实中，第七型人格也能发财，但几乎都没有量入为出的预算习惯、不善于控制成本与开支，缺乏守财、理财意识。如果是工薪族，则大概率成为“月光族”。

赊账至少算是借贷。比赊账还生猛的，是刘邦打白条，随礼喝酒。

不仅要喝酒，还要坐上大席，体面风光。可是，囊中羞涩，怎么办？《汉书·高帝纪》：

沛中豪杰吏闻令有重客，皆往贺。萧何为主吏，主进，令诸大夫曰：“进不满千钱，坐之堂下。”高祖为亭长，素易诸吏，乃给为谒曰“贺钱万”，实不持一钱。谒入，吕公大惊，起，迎之门。吕公者，好相人，见高祖状貌，因重敬之，引入坐上坐。萧何曰：“刘季固多大言，少成事。”高祖因狎侮诸客，遂坐上坐，无所诎。

“打白条”的内在动机，是第七型人格对规则本能的厌恶与“跳过”。第七型人格没有怀疑和打破整个规则的想法和做法，他们仅仅是让自己不被规则限制。

萧何此时对刘邦的看法不是很正面。他告诉吕公，刘邦这人，经常讲大话、空话——由于说话没有兑现或无法落实，而让人觉得不靠谱，也是第七型人格的基本特质之一。倒并不是第七型人格恶意欺骗，而是由于第七型人格的嘴巴通常比脑袋会快半拍，口无遮拦，经常说出一些做不到，或者说出之后遗忘。所有这些，在他人看来就觉得是大话、空话了。

刘邦毫不掩饰地贪图享乐，也体现了第七型人格直接率真的一面。《资治通鉴》卷九：

沛公见秦宫室、帷帐、狗马、重宝、妇女以千数，意欲留居之。樊哙谏曰：“沛公欲有天下耶，将为富家翁耶？凡此奢丽之物，皆秦所以亡也，沛公何用焉！愿急还霸上，无留宫中！”沛公不听。张良曰：“秦为无道，故沛公得至此。夫为天下除残贼，宜缟素为资。今始入秦，即安其乐，此所谓‘助桀为虐’。且忠言逆耳利于行，毒药苦口利于病，愿沛公听樊哙言！”沛公乃还军霸上。

可以想象当时沛公色眼迷离乐不可支的表情，以及樊哙劝阻时候，“沛公不听”，摇头摇得拨浪鼓似的。

但刘邦有个优点，就是不固执，所以他会听张良劝。

如果能够劝谏得动的人——比如张良——不在身边，那刘邦可就彻底放开了。比如汉三年（前204年），刘邦趁项羽与齐作战之机，攻破项羽都城彭城，《资治通鉴》卷九：

汉王遂入城，收其货宝、美人，日置酒高会。

“日”，是天天、每一天的意思。刘邦进城，正好会劝谏他的张良们没在身边，于是毫不客气地放飞自我，天天喝花酒，当然是召集团队成员一起，灯红酒绿，纸醉金迷。

这一次放飞自我的代价非常大！项羽回师，毫无准备的汉军大溃败。项羽追击刘邦，刘邦拼死逃命，期间上演了其一生最为卑鄙可耻的一幕。

这一幕，司马迁根本不敢写。班固远在东汉，所以才敢言及，但也是一笔带过。千年以后的司马光可就不客气了，不吝笔墨，绘声绘色，《资治通鉴》卷九：

而汉王乃得与数十骑遁去。欲过沛收家室，而楚亦使人之沛取汉王家。家皆亡，不与汉王相见。汉王道逢孝惠、鲁元公主，载以行。楚骑追之，汉王急，推堕二子车下。滕公为太仆，常下收载之。如是者三，曰：“今虽急，不可以驱，奈何弃之！”故徐行。汉王怒，欲斩之者十余；滕公卒保护，脱二子。

半路载了儿子和女儿，被楚军追急了，刘邦居然干出了这种事：把儿子和女儿推下车，好让自己逃命。好在有个部下滕公，刘邦刚刚把子女推下去，滕公立即下车救回来；刘邦再推，滕公再救……反复好几次，车速难免慢了下来。刘邦大怒，竟然想砍死亲生骨肉，而且是动手了十几次。多亏滕公竭尽全力保护，两个孩子才没事。

项羽是否知道这件事，是个疑问。因为项羽如果知道，就不会白费心机架起大锅，作势要把刘太公煮了，以此来要挟刘邦。

第七型人格的责任心严重缺失，以及逆商极低，在危急局面下阵脚大乱，由此显露无遗。

工作与享乐，一般是冲突的。

所以，跟热爱工作的工作狂相反，很多时候，第七型人格都是工作厌恶者。厌恶工作对于个人而言，可能不是好事。但对于团队而言，领导者厌恶具体工作，就会充分授权团队成员，自己懒得去管。

对于平庸者，最好的激励是现实的官位财帛；但对于精英人才，最好的激励，往往是工作本身。

与项羽争王天下，起初完全不占优势的刘邦何以最终胜出，最普遍的观点是刘邦比项羽更懂得使用专业人才，依靠团队的力量。恰好刘邦自己也作了经典的总结，就成了最有力注脚。《汉书·高帝纪》：

夫运筹帷幄之中，决胜千里之外，吾不如子房；填国家，抚百姓，给饷馈，不绝粮道，吾不如萧何；连百万之众，战必胜，攻必取，吾不如韩信。三者皆人杰，吾能用之，此吾所以取天下者也。

刘邦善于用人，真的是因为天生慧眼独具且胸襟开阔吗？其实不是。主要原因是懒。其次是喜欢热闹——人多才热闹，“独乐乐不如众乐乐”。

但是，第七型人格的懒，不是常见的懒汉那种无差别、懒到骨头的懒。第七型人格是选择性懒。

第七型人格对于自己不喜欢、不愿意的事，那是真懒，千方百计都要逃开。实在逃不开，就各种偷工减料、磨洋工、怠工。但是对于自己喜欢、乐意的事，第七型人格一样可以自发地废寝忘食、夜以继日，勤奋程度丝毫不逊其他人格类型。

刘邦生产劳动是懒，行军征战却孜孜不倦，因为每一次征战都绝不雷同，征战的每一个时间点都存在悬念，也就是说，新鲜感永远不成问题。此外，战争通常由一个又一个战役组成，每个战役时长都有限，比较快就可以出阶段性结果，获得奖赏（或者负奖赏，即惩罚）。

刘邦做了皇帝，依然动辄亲自出征，包括北征匈奴这些苦寒之地。去世前一年，刘邦已年届花甲，且多病，却还亲自率军征讨黥布。

选择性的懒，源于第七型人格潜意识核心恐惧：被束缚、被剥夺。

说刘邦“廷中吏无所不狎侮”，其中的“狎侮”用得极好，充分体现古文的精炼——“狎”是近距离、亲昵，“侮”是戏弄、开玩笑。同僚官吏刘邦无一例外地“狎侮”，并不是恶意欺凌，而是第七型人格对于好玩有趣的本能爱好，同时第七型人格不把自己当自己，不把别人当别人，权威意识和人际边界意识都极为淡薄。

此外就是第七型人格的自我防御机制“合理化作用”，善于从完全不相关的事物之间找到关联，以及天赋喜感，让第七型人格的恶搞（比如给人取外号之类）极易深入人心，而且喜剧效果非常好。

当然，第七型人格不是愣头青，真正面对有可能威胁身家性命的超级权威时，还是不敢造次的。同样是看到秦始皇出行的排场，项羽大喇喇地一句：“彼可取而代也。”吓得身边的项梁忙不迭：“别乱说！会被灭族的！”刘邦的表达就人畜无害了：“嗟乎，大丈夫当如此矣！”

能够做到“无所不狎侮”却又没有结仇于人，则体现出刘邦的高智商与高情商。

韩信需要一个施展的舞台；萧何需要一个信任自己并值得自己服务的领导；至于张良，唯一让张良留下来的，就是刘邦的高智商。《史记·留侯世家》：

良数以《太公兵法》说沛公，沛公善之，常用其策。良为他人言，皆不省。良曰：“沛公殆天授。”故遂从之。

刘邦能够领会到张良的策略好在哪里、为什么好，然后信受奉行。这对于第五型人格的张良来说，是极具吸引力的。张良也向其他人出谋划策过，其他人却完全听不懂。

闽北民间有一句谚语：宁为聪明人提包袱，也不给笨蛋做军师——很能解释张良的心理。

权威意识和人际边界意识的淡薄是双向的。第七型人格对自己的上级，不太当上级；对自己的下级，则不太把自己当上级。“狎侮”他人没有什么违和感，他人“狎侮”自己，正常也没有什么违和感。

刘邦毫无违和感地吸收樊哙、陈平等或从事贱业、或有劣迹者进入团队，并重用他们，从团队角度说，就有自我“狎侮”的意味。而项羽不用韩信，绝非同为领兵打仗的项羽不识货，而是因为韩信有过胯下之辱，项羽看不起这样的污点，从而拒绝自我“狎侮”。

淡薄，体现在作为领导者的领导风格上，就是舍得。

这种舍得的深层动机，不同于第二型人格的奉献和第八型人格的慷慨——第七型人格的舍得，更多是基于分享和共享能够带来倍增的快乐。

而第七型人格潜意识核心欲望，就是快乐。

懒、贪玩、舍得、喜欢热闹……仅仅这些，是不足以让刘邦吸引一群精英，白手起家，最终逆袭，成就伟业的。刘邦除了聪明、舍得之外，具备了极为重要、与人格类型无关的特质——善良。

刘邦具有本能的善良。虽然这种善良比较平常，纯度也不高，但足以成为他感召团队、进而感召天下最大的凭借。

刘邦最初从秦体制之内的基层官员，走上反秦之路，缘于那次的释囚。

刘邦押送囚徒前往郦山服苦役，因为工作严谨性从来就是第七型人格的短板，刘邦本来就疏于管理，加上一路喝酒，有喝有醉，囚徒不时逃亡。秦时严刑峻法，刘邦不得不面对搞砸任务的后果。而面对难题或压力，第七型人最本能的反应就是逃离。

刘邦为囚徒们解开枷锁，没有任何居高临下的架子，对囚徒们说：“先生们，都走人吧！放了你们，我也得跑路啦。”刘邦的善举兼壮举，让囚徒们很感动，有十几个自愿留下来追随他。

人数虽少，却也算最初的一个队伍。

释囚之善，被动的成分更多。而刘邦进入关中，约法三章，保障无数生命，则可以说是刘邦善良意志的主动体现。

如果彼时还有争取民心的混合动机可能，到了刘邦平楚，大局已定，马上下令："兵不得休八年，万民与苦甚。今天下事毕，其赦天下殊死以下。"动机就非常纯粹了。

不久，又下诏："诸侯子在关中者，复之十二岁，其归者半之。民前或相聚保山泽，不书名数，今天下已定，令各归其县，复故爵田宅，吏以文法教训辨告，勿笞辱。民以饥饿自卖为人奴婢者，皆免为庶人。"(《汉书·高帝纪》)

相对于刘邦，项羽就太过暴戾嗜杀。所以，刘胜而项败，也算是一次天道人心的选择吧。

第七型人格的自我防御机制"合理化作用"，意思是第七型人格与生俱来就有一种能力。这能力体现在两个方面：一是善于为任何现状找到理由；二是善于在风马牛不相及的两件事之间找到关联。

在具体体现上，正面就是第七型人格常常会有匪夷所思的奇妙创意，负面就是特别擅长狡辩与撒谎，以及毒舌。

第七型人格城府不深，喜怒都形于色。压力或逆境状态下，第七型人格的凋零方向是第一型。但此时的第七型与第一型有着本质的区别，第一型是严格要求别人，更严格低要求自己；第七型则是严格要求别人，对自己则双重标准。

史书多次提及，刘邦原本讨厌儒生。其心理动因，是儒家强调礼法、规矩，是典型的第一型人格的三观体现；而第一型恰好是第七型的凋零方向，所以才有刘邦下意识的抵触。

最夸张而又最真实的，来自刘邦的部下对其乡邻郦生的警告。《史记·郦生陆贾列传》：

骑士曰："沛公不好儒，诸客冠儒冠来者，沛公辄解其冠，溲溺其中。与人言，常大骂。未可以儒生说也。"

摘下儒生的帽子，往里面小便——顽童作派！令人哭笑不得。

事实上，压力下的刘邦自己，就经常带上第一型人格的缺点，具体表现就是爱挑剔和乱骂人。

第七型人格还有一个典型特质就是毒舌。由于第七型人格的“合理化作用”，第七型人格骂起人来，精准而刻薄，往往让被骂者无地自容。

口无遮拦任性骂人，为刘邦带来了一些不必要的大麻烦。典型的是两次反叛——魏豹反与贯高反。

《史记·魏豹彭越列传》说得很清楚，魏王豹纯粹就是受不了刘邦乱骂人，才反的：

汉王还定三秦，渡临晋，魏王豹以国属焉，遂从击楚于彭城。汉败，还至荥阳，豹请归视亲病，至国，即绝河津畔汉。汉王闻魏豹反，方东忧楚，未及击，谓郦生曰："缓颊往说魏豹，能下之，吾以万户封若。"郦生说豹。豹谢曰："人生一世间，如白驹过隙耳。今汉王慢而侮人，骂詈诸侯群臣如骂奴耳，非有上下礼节也，吾不忍复见也。"

魏王豹是有点性格的，认为人生短短，为什么要自找不自在，自己好歹也是一方诸侯，为什么要让刘邦骂得像狗一样……所以魏王豹造反还是有理的。不像赵相国贯高，忠心过头，有点太过多事。

赵王张敖是刘邦女婿，岳父心情不好，臭骂女婿，这可以从家事角度解读，外人不宜掺和。贯高、赵午却忠勇有余，通达不足，路见不平，执意为少主出头，最后自己坏了性命，也害了少主。

但考虑到贯高等都是燕赵之人，慷慨悲歌之士，也可以理解。估计也是刘邦骂得也太刻薄，让人听不过去。

第七型人格善变，而不善坚持。这种特质消极的一面自不必言。积极的一面，则是机灵，转身快，能随机应变，而且非常自然，这也得益于“合理化作用”。《史记·淮阴侯列传》记载了经典一幕：

汉四年，遂皆降平齐。使人言汉王曰："齐伪诈多变，反覆之国也，南边楚，不为假王以镇之，其势不定。愿为假王便。”当是时，楚方急围汉王于荥阳，韩信使者至，发书，汉王大怒，骂曰：“吾困于此，旦暮望若来佐我，乃欲自立为王！”张良、陈平蹑汉王足，因附耳语曰：“汉方不利，宁能禁信之王乎？不如因而立，善遇之，使自为守。不然，变生。”汉王亦悟，因复骂曰：“大丈夫定诸侯，即为真王耳，何以假为！”乃遣张良往立信为齐王，征其兵击楚。

刘邦苦等韩信救兵，韩信却来信求封假王。刘邦当即破口大骂。张良、陈平赶紧偷偷踢刘邦的脚，然后耳语以厉害，刘邦马上明白，但牛就牛在他没有改变语气表情，而是继续骂：“男子汉大丈夫，要封就封真王，搞什么假王！”外在形式不变的情况下，内容一百八十度转弯，并且无缝衔接，一点违和感都没有。

第七型人格还有一个中文别称：“开心果”。耍宝、搞怪、搞笑、插科打诨……只要第七型人格在场，气氛通常都是活跃的。第七型人格的这些特征，让他带上了熊孩子兼喜剧演员的人设外包装。这种气质一定程度上，可以起到消解敌意的作用。

项羽只要愿意，曾经有无数机会可以彻底灭掉刘邦，尤其是在鸿门宴上。但是残暴好杀的项羽唯独对刘邦网开一面。当然，这里面有其他诸多因素，但不可否认，暴君式第八型与弄臣式第七型，是最不容易有性格冲突的。“坏孩子”“不上进”的标签，反而在一定程度上保护了刘邦。假如，把标签换成“努力”“德行”“上进”“有为”之类，那就成为项羽潜意识里讨厌并且必须拔掉的那一类人。

刘邦这个第七型人格的成就极具现实借鉴意义。

懒、贪吃、贪玩、顽皮、贪享乐、轻率、不诚信、不担当、不专心、不规矩、不吃苦、没耐性、缺逆商、口无遮拦……以社会的主流标准来衡量第七型人格，很容易得出一个极不乐观的结论。

但是，实际上政界、商界、文艺界、学术界、体育界……有大成就者，却又都不乏第七型人格。

这一客观事实应该引起我们深思。

现实中，曾经有第七型人格孩子，在幼儿园升小学之后，由于不听老师话、不遵守课堂纪律、爱做一些出格出奇的动作，从而导致班主任拒绝接受孩子就读，孩子面临无学可上的窘境。

由于独生子女成为主流，导致教育越来越趋向于“显微镜”和“放大镜”，第七型孩子很容易被带去看精神科医生，并被诊断为多动症或其他精神障碍……其实很多情况下，孩子并没有任何病态，孩子是正常的！

孩子只是天生这一种的人格类型，仅此而已。

历史与现实中，还有一种现象在重复上演：有人正气凛然、奋发上进，最终却做了坏事走了弯路；有人兢兢业业、勤勤恳恳，最终却庸庸碌碌乏善可陈……而偏偏有些人，没心没肺地玩，玩着玩着，莫名其妙就玩出大事业。

怎么说呢？

刘邦的一次卖乖耍宝，或许有所启发。《史记·高祖本纪》：

未央宫成。高祖大朝诸侯群臣，置酒未央前殿。高祖奉玉卮，起为太上皇寿，曰：“始大人常以臣无赖，不能治产业，不如仲力。今某之业所就，孰与仲多？”殿上群臣皆呼万岁，大笑为乐。

“您老当年总说我是败家子，靠不住，不会经营家业，不如二哥给力——现在呢？我经营的家业，跟二哥比，谁多？”

现场山呼万岁，哄堂大笑。

刘贺

海昏侯墓是考古界一大奇迹——是中国迄今发现的面积最大、保存最好、内涵最丰富的汉代列侯等级墓葬，2015 年入选中国十大考古新发现。

海昏侯墓历经两千多年而未遭盗掘，细究其原因，则宛如神迹。

由于历代盗墓贼猖獗，故考古界对汉墓有“十室九空”之说。可是，两千多年，一代又一代的“摸金校尉”“搬山道人”们，为什么独独放过了海昏侯墓?

专家给出三条原因——

原因之一是公元 318 年东晋时，地处江西的豫章郡发生的一场大地震，使墓室位置与结构都产生位移与沉降，盗墓者找不到墓室，不得其门而入。

原因之二是地震后一百多年，南北朝刘宋时期，鄱阳湖水南侵，整个墓穴内充满了水，因为古时不具备水下盗墓的条件，盗墓者无从下手。

原因之三则很有戏剧性——海昏侯墓旁的侯夫人墓已经被盗，因为这座墓封土山包上的植被比较茂盛，显得封土包更大一些，盗墓贼以为大者为尊，就先下手侯夫人墓。等再盗侯墓时，盗洞打穿了七层封土木板中的五层，眼看就可以得逞，却被当地村民发现并报警，盗墓团伙全部落网。

专家说，多亏盗墓贼专业理论水平不过硬——不知道汉时以右为尊，右边才是侯墓——他们非常朴实地认为大者为尊，而侯夫人墓上的封土山包看上去显得更大，就以为这才是侯墓。

如果盗墓贼一开始作出正确选择，直接盗掘侯墓，那海昏侯墓也就在劫难逃了。

更有意思的是，后来考古队清理了两个封土山包上的植被，发现侯墓的封土山包比侯夫人墓的更大。

原来,“以大为尊”也是没错的。

长眠于墓中的，就是第一代海昏侯——刘贺。

刘贺最初的身份是昌邑王。在昌邑王与海昏侯之间，刘贺还有一个身份：皇帝。

有人在罗列中国历代所有皇帝时，入列了一些割据政权或少数民族政权的所谓“皇帝”，却把刘贺忽略了——事实上，刘贺也是皇帝，而且是中国历史上大一统王朝之一西汉的合法皇帝。

虽然这个皇帝，刘贺只做了二十七天。

元平元年（前 74 年），汉昭帝崩，无嗣，汉武帝孙、昌邑王刘贺被选继承帝位，但很快又为大将军霍光所废。

霍光废刘贺，立刘询（即刘病已），是为汉宣帝。

汉宣帝对这位“前任”心存疑忌，但不好明说，就给山阳太守张敞下了个逻辑和语气都古怪的诏书：认真抓好治安工作，仔细检查往来过客——这原本是地方官的日常，不用也不归皇帝直管——后一句意味深长：诏书不要外传！

宣帝遮遮掩掩地暗示，张敞自然心领神会，“数遣丞吏行察”，结合自己亲自登门拜访、观察试探的结果，向宣帝上了一份极为写实详尽的报告。

张敞先说明，手下人持续一段时间的暗中观察，昌邑王府的日常行止规矩而低调，没有异常——不开大门，只开小门；专人负责采买，专人负责安保，其余闲杂人等不得随意进出，也说明对外人际交流几乎为零。

张敞知道宣帝最关心的是什么——接下来，张敞不吝笔墨，详细地描述了刘贺的直观形象，《汉书·武五子传》：

故王年二十六七，为人青黑色，小目，鼻末锐卑，少须眉，身体长大，疾痿，行步不便。

彼时刘贺才二十六七岁，却肤色暗晦（运势衰微），尖鼻（没福报），小眼（没魄力），眉毛胡子稀稀疏疏（元气亏虚）；身材虽然高大，但好像患有痛风还是关节炎什么的，行走不是很方便（健康长寿成问题）。

张敞与刘贺聊天，故意抛出猫头鹰作话题，试探和观察刘贺，最终得出结论：刘贺既规矩又平庸，轻度傻呆，已经没有什么精气神，就是一个混吃等死的宅男。

宣帝“由此知贺不足忌”，彻底放心了，次年即封刘贺为海昏侯，南下就国。

后世有观点认为，刘贺是重金收买了张敞，让张敞刻意丑化自己。

这是一个显而易见的黑锅，尤其对于张敞。

张敞是一位忠直之臣，不会接受、也不敢接受这样的贿赂；而这种操作，刘贺纵然想，也不敢做。

最能够说明问题的是张敞上书之后，才五年时间，神爵三年（前59年），刘贺果然因病去世。

但是，刻意矮化和丑化还是有的。

气色不好、萎靡不振是真，“小目，鼻末锐卑”却不太可能。一则皇室子弟，刘邦起第六代后人，父系仪容原本不差，母系自然都是俊秀者，遗传规律决定了刘贺颜值不太可能出现断崖式滑坡；二则刘贺不是预先立储，而是临时被选，而选择皇帝是何等重大之事，在封建社会，八字、面相都有专业人士把关，避免挑出个“望之不似人君”，贻笑大方——所以，这应该是张敞同情刘贺，“枪口抬高一厘米”，在忠于皇帝的同时，尽可能兼顾回护刘贺。

但这里隐藏着一个更深、更不易察觉的“黑洞”。

张敞没有察觉，当朝大臣们没有察觉，班固等治史者没有察觉……历代的大部分读者们，应该也没有察觉。

——这个“黑洞”，就是汉宣帝！

班固认为汉宣帝因张敞对刘贺的丑化，“由此知贺不足忌”，次年封海昏侯，是对刘贺开恩与眷顾，效法的是舜对其弟象以德报怨的典故。《汉书·武五子传》：

其明年春，乃下诏曰：“盖闻象有罪，舜封之，骨肉之亲，析而不殊。其封故昌邑王贺为海昏侯，食邑四千户。”

当初刘贺被废，昌邑“国除，为山阳郡”，但皇太后“赐汤沐邑二千户，故王家财物皆与贺。及哀王女四人各赐汤沐邑千户”——按这样推算，刘贺自己原有家底不少于三千户，加上所赐二千户，再加上所赐刘贺四个姊妹的四千户，则刘贺实际控制的资产不低于九千户。即使剔除代管姊妹的四千户，也有五千户……现如今，宣帝封一个虚名“海昏侯”，食邑却才四千户——也就是说，超过四千的，不管多少，都与刘贺无关了。

此外缩水的，是土地的位置价值。西汉时，江西这样的地方，不仅远离政治文化中心，且被视为蛮荒瘴疠之地，与昌邑所在的圣贤之乡、齐鲁故地山东是不能比的。所以，用江西的土地与山东作等量置换，不啻于今天拿二三线城市，与北上广深置换。

那时候虽然没有今天这么普及的地产思维，但价值落差毕竟太过悬殊了。

汉宣帝悲天悯人地拿出一顶“海昏侯”帽子，当大家的面给刘贺戴上，而在桌面之下，却狠狠地割了刘贺一刀！

切割物质利益的这一刀，跟另一刀比就实在不算什么了。

这一刀夺利，另一刀则是追命！

汉宣帝的追命一刀，才是真正的“黑洞”。

从张敞的报告上可以看出，刘贺的健康有问题，而且问题很大。

从今天西医角度看，刘贺应该是患痛风、风湿性关节炎或类风湿性关节炎；而从中医角度，病因都属于体内湿邪太重。

江西与山东，哪里气候环境更潮湿？

长途迁徙，舟车劳顿，水土不服，瘴疠之地……个中之苦，刘贺如人饮水，冷暖自知。

张敞丑化刘贺，本意是回护刘贺。

但汉宣帝可能读懂了这种回护，他发现居然有大臣同情刘贺，而且是张敞这样的主流正臣，所以，表面上表示“由此知贺不足忌”，内心则恰恰相反。

汉宣帝很可能也是第六型人格，其心理模式与行为模式跟前文宋高宗非常像——善于隐忍，本能猜忌。

汉宣帝从小生活在民间，原本就不是一个庸常老实之人。《汉书·宣帝纪》说宣帝还是刘病已的时候：

高材好学，然亦喜游侠，斗鸡走马，具知闾里奸邪，吏治得失。

做了皇帝的汉宣帝，深深知道有一个人可以让自己成为皇帝，随时也可以让自己成为刘贺第二。

这个人当然是霍光。

汉宣帝隐忍、表演与等待，一直等到霍光过世，然后完美诠释了《道德经》第三十六章“将欲歙之，必固张之；将欲弱之，必固强之；将欲废之，必固兴之；将欲取之，必固与之”，不停封赏霍家，助长霍家骄奢心理。

等到霍家最终欲罢不能，而意图谋反之时，再将霍家灭族。

善良的张敞，一直还以为自己回护了刘贺。

但是，无论是张敞的“盾”，还是宣帝的“刀”，对刘贺而言，都不重要了！

刘贺从被废回昌邑，如张敞上书所说，从未出王府，也没有亲朋好友走动，基本处于与世隔绝的实际软禁状态。

虽然锦衣玉食、妻妾奴仆，什么都不缺，唯独缺了自由！

第七型人格的潜意识中，核心需求就是自由与快乐，核心恐惧就是自由被剥夺、不快乐。

刘贺就是生活在自己潜意识的核心恐惧之中。这是刘贺最不愿意过的生活，却偏偏不得不这么过着，日复一日，年复一年。如果刘贺是第五型、第九型之类，这不仅对此无感，甚至还更加怡然自得。但对于第七型来说，就真的是生不如死！

根据张敞奏章中刘贺肤色暗淡发黑、须发稀疏、关节疾病，以及育有二十二名子女的记载，结合海昏侯墓出土文物中的虫草、五味子等中药实物，可以推断，刘贺大概率是因为饮酒与房劳过度，情志郁结而忧恐，长年亏损肝肾，最终导致健康彻底崩溃。

我们可以想象一下，正值青春好动之龄的刘贺，被囚徒一样圈禁于王府，长昼永夜，除了酒和女人，他能够消遣的还有什么呢？

我们再来回头看看，刘贺原本是什么样的一个人。

刘贺最大的特点，就是贪玩——那可是真正的玩！而且特别能玩，变着花样、异想天开地玩……他被征为皇帝的二十七天，在皇宫里，除了必不可少被安排的对公礼仪，就是一件事：玩！

对此，在霍光裹挟群臣给皇太后的奏章中，有细致描绘。《汉书·霍光金日磾传》：

大行在前殿，发乐府乐器，引内昌邑乐人，击鼓歌吹作俳倡。会下还，上前殿，击钟磬，召内泰壹宗庙乐人辇道牟首，鼓吹歌舞，悉奏众乐。发长安厨三太牢具祠阁室中，祀已，与从官饮啖；驾法驾，皮轩鸾旗，驱驰北宫、桂宫；弄彘，斗虎；召皇太后御小马车，使官奴骑乘，游戏掖庭中。

刘贺当时的年龄为十八或十九岁，但这些作派，完完全全就是现实中十岁左右的顽皮男孩。

别的也就罢了，令人佩服的是“弄彘，斗虎”——猪也能玩？虎也敢玩？这些动物也不知道刘贺从哪里弄来的。

刘贺并不是做了皇帝才这么贪玩——他的天性就贪玩、好动、性子急，从小如是。

刘贺虽然贪玩，但不会无赖，而是很率真可爱，对下属没有什么架子，温和而善良，对于劝谏虽然抵触逃避，但都知道好歹，也能照顾劝谏者的感受，象征性接纳一下。

王吉进谏，刘贺承认自己有过错，肯定王吉的忠心，加以赏赐……但是，贪玩依旧。

龚遂哭谏，刘贺实在听不下去，但并不发火，而是自己夸张地掩耳朵跑开，说“郎中令善愧人！”；玩得高兴的时候，龚遂下跪膝行，哭着进谏，在场的下属也不禁掉泪，刘贺却呆萌地明知故问：“郎中令何为哭？”正玩在兴头上，被突然打断的刘贺还是没有生气，而是尊重龚遂，屏退左右，认真听龚遂说，龚遂设问“您知道胶西王为什么完蛋吗？”刘贺继续装傻：“不知道呀。”于是龚遂洋洋洒洒一段，末了给出建议，要选几位正人君子与刘贺共处，帮助刘贺学习，有好处。刘贺批准了龚遂的建议。龚遂选了十个人来陪侍刘贺……没几天，这十个人全被刘贺赶走了。

不能不说，作为十几岁的少年天子，有如此脾气涵养，确实难得！

对于进谏，刘贺当然是不可能信受奉行的。但他要么逃离，要么装傻，却从不呵斥责罚，连厌恶与不耐烦都丝毫没有表现——反而是尊敬有加。

至于进谏内容，他也都虚心接受了——先接受再说，改不改，那又是另一回事了。

想让一个少年简简单单就改变天性，想让一个第七型人变成严肃上进不贪玩……龚遂等人未免也太迂腐、太天真了一点。

刘贺贪玩，还好奇——进京奔丧兼继位，本来装也要装着沉痛静默，目不斜视地进发。《资治通鉴》卷二四：

王至济阳，求长鸣鸡，道买积竹杖。过弘农，使大奴善以衣车载女子。至湖，使者以让相安乐。安乐告龚遂，遂入问王，王曰："无有。"

第七型人格的一些行为在普世视角看来属于出格。这些行为的内在动机有一部分源自第七型人格对权威、对规矩下意识的轻视和规避。第七型人格的这种行为容易让人理解成跋扈或挑衅，尤其在注重礼法、强调共性忽略个性的古代。刘贺不肯接受龚遂的建议哭着进城，就是这样的心理动因，以及第七型人格对事漫不经心、风险意识不足。

刘贺拒绝龚遂建议的时候，是编借口"我喉咙痛，不能哭"。这就是典型的"合理化作用"。"合理化作用"通常除了奇妙的解释，就是善意的谎言。

对权威和规矩欠缺足够敬畏之心，沉迷于自由和快乐的身心体验，自律能力不足，太过乐观，轻信他人，没有风险意识……这些都是第七型人格典型的特质——也正是这些特质，导致了刘贺的被废，开始了完全翻转的后半场凄凉人生。

有观点认为，刘贺是太急于夺权，而引发霍光的疑忌而被废。其实，恰恰相反，刘贺不仅没有夺权的意思，甚至多处表明了自己"萧规曹随"，沿袭昭帝朝体例，不作改动，继续由霍光做"掌柜"，自己挂个"东家"名义——也就是现在公司治理机制的所有权与经营权剥离。

这可以从以下三个方面看出来——

一是将提醒者法办。

二是事变发生时完完全全的无知无觉。

三是“争臣七人”说。

刘贺的昌邑亲随提醒刘贺采取防备措施，刘贺罕见地发怒，把提醒者一概送交法办。《资治通鉴》卷二四：

王出游，光禄大夫鲁国夏侯胜当乘舆前谏曰：“天久阴而不雨，臣下有谋上者。陛下出，欲何之？”王怒，谓胜为妖言，缚以属吏。吏白霍光……光、安世大惊，以此益重经术士。侍中傅嘉数进谏，王亦缚嘉系狱。

刘贺这么做的意思非常明显，就是不允许任何破坏安定团结的言行，要让所有人知道，要让霍光等人放心。自己没有私心、没有异心！

刘贺是坦荡的。可惜，霍光不是！

表面上看，霍光是为汉家社稷着想而策动废立之事。

事实上，根据霍光生平行事看，霍光应该也是第六型人格，《汉书·霍光金日磾传》说霍光：

去病死后，光为奉车都尉、光禄大夫，出则奉车，入侍左右，出入禁闼二十余年，小心谨慎，未尝有过，甚见亲信。

霍光废刘贺，核心动机源于刘贺使他产生了不安全感。

第七型人格与第六型人格在某些特质上是冲突的，这会导致双方都产生不适感。冲突最强烈的是对权威的态度——包括规矩。规矩是抽象化和拟物化了的权威，或者说权威的另一种体现形式。

第六型人格潜意识里，权威至关重要；第七型人格则相反，对权威本能地轻视。

霍光主导、请求废刘贺的奏章中，大量提及刘贺不尊礼法、没有规矩的行为，《汉书·霍光金日磾传》：

居道上不素食，使从官略女子载衣车，内所居传舍。始至谒见，立为皇太子，常私买鸡豚以食。受皇帝信玺、行玺大行前，就次发玺不封。从官更持节，引内昌邑从官驺宰官奴二百余人，常与居禁闼内敖戏。自之符玺取节十六，朝暮临，令从官更持节从……取诸侯王、列侯、二千石绶及墨绶、黄绶以并佩昌邑郎官者免奴。变易节上黄旄以赤。发御府金钱、刀剑、玉器、采缯、赏赐所与游戏者。与从官官奴夜饮，湛沔于酒。诏太官上乘舆食如故。食监奏未释服未可御故食，复诏太官趣具，无关食盐。太官不敢具，即使从官出买鸡豚，诏殿门内，以为常……与孝昭皇帝宫人蒙等淫乱……

进而推断出刘贺如此“荒淫迷惑，失帝王礼谊，乱汉制度”，终将“恐危社稷，天下不安”。

废立明明是霍光自己的主意，霍光却非要拉上丞相杨敞，并把杨敞的名字列第一。奏章中的第一人称，一概为“臣敞等”，以杨敞的口吻进行陈述。不知内情者，仅看这篇奏章，谁都以为是杨敞带头要废刘贺，霍光只是随喜附后。

奏章中一个欲盖弥彰的数字，彻底暴露了霍光的嘴脸，以及理亏之处。《汉书·霍光金日磾传》：

受玺以来二十七日，使者旁午，持节诏诸官署征发，凡一千一百二十七事。

白纸黑字写着：经专人盯梢并记录，统计出刘贺做皇帝 27 天，干了 1127 件错事，平均每天 41.74 件，睡眠如果按 10 小时扣减，每天 14 小时，则每小时 3 件。

事变已经发动，刘贺完全处在无知无觉的状态。

刘贺看到侍卫关门将自己与昌邑群臣隔开，就问：“干嘛？”霍光说是皇太后的意思，刘贺还没往别处想，而是说：“慢慢来，干嘛这样吓人？”昌邑群臣全部被捕，刘贺还是没往事变想，而是天真地问周围侍卫——其实是自言自语：“我昌邑群臣从官们犯什么罪，大将军把他们全都抓起来呢？”一会儿，皇太后诏书到，召刘贺，刘贺虽然天真，但不傻，这时候才意识到这是夺权事变，害怕了。但他仍然不认为自己有不得了的过错：“我犯什么罪，要召我呢？”

毫无防备，甚至毫不知情的刘贺，被准备充分的霍光顺利夺权。被夺权的刘贺，仅仅说了两句话。这两句话，可以读出刘贺非同一般的睿智与气度。奏章罗列刘贺的不端事例，并给出荒唐的“1127”统计结果，刘贺始终沉默，没有插嘴、反驳、争辩。他知道，欲加之罪，何患无辞，争辩毫无意义。指控完了，刘贺才说了一句：“闻天子有争臣七人，虽亡道不失天下。”（《汉书·霍光金日磾传》）这句话出处是《孝经》，原文为“昔者，天子有争臣七人，虽无道，不失其天下”。可见刘贺贪玩归贪玩，也还是读书的。

现实中，第七型人格往往显得博学——其实，第七型人格真正完全记住的知识点并不多，但受益于“合理化作用”，却总能把知识用在最合适的时间与场景，绝妙、贴切、自然。

刘贺轻轻引用了这句话，前面还特地加上一个字“闻”，也就是“听说”——仅仅是引用，而不是强烈表达自己的观点。这句话却在为自己辩解的同时，把霍光的虚伪面具剥得干干净净——我充分信任你们是“争臣”，所以我才放心地玩；我 27 天做了 1127 件错事，你们全程监控了如指掌，怎么不出来劝谏一下！

霍光理亏心虚，回避了正面辩论，说了一句明显强词夺理的话：“皇太后下诏废你，还什么天子！”原本，问题关键在于皇太后诏废刘贺的缘起，霍光躲开这个议题，然后赶紧颇失风度地亲自动手，半暴力地捉住刘贺的手，解下皇帝权力的象征——玉玺。

刘贺就此不再说话，安静地等待处置。

剧情完全按照霍光导演的剧本进行。刘贺被废，立即启程，由霍光亲自押送回昌邑。

走时，刘贺说了第二句话，也是他在朝廷的最后一句话。《汉书·霍光金日磾传》：

扶王下殿，出金马门，群臣随送。王西面拜，曰：“愚戆，不任汉事。”起就乘舆副车。

刘贺原本没有刻意打算说什么，但群臣自发送他，他不能没有表示，于是以行礼和自谦，表示谢意和告辞。刘贺虽失败离场，但其雍容气度，却令人不由不对这位年轻人刮目相看。

结合前因后果，复盘刘贺被废事件，可以还原出大致的真相。

皇太后知道刘贺有被罗织构陷的成分，事实上，刘贺虽有错，错不至于被废。但霍光大权在握，皇太后需要考量拂逆霍光的风险成本，只好牺牲刘贺。

于是极其吊诡的事情出现了——刘贺被废，却获得了财富上的赏赐。皇太后巧妙而得体地为刘贺事件制造了一个悖论。如果刘贺有罪，那赏赐是怎么回事？奖赏通常是给有功劳或表现好的。如果这不是奖赏，而是补偿，那就说明错不在刘贺，刘贺是受损者，所以需要加以补偿。

资深政客霍光，对此当然心里雪亮。但霍光已经把太后奉为证实自己行动合法性的唯一“神主牌”，为确保废立这手“大棋”的正确性，自然不能在“局部官子”上计较，跟太后唱反调。

皇太后机敏地抓住了这一闪即过的“窗口期”——只要废立程序完成，一切尘埃落定，则自己“神主牌”的边际效益必定大幅衰减，对刘贺的赏赐极大可能被霍光否决。皇太后冰雪聪明！

霍光要的是政治上的安全这一结果，至于汉家的财产及自己操作逻辑上的缺陷，作为第六型人格的霍光，不是特别在意。

另外，霍光可能也知道刘贺本人是冤枉的。霍光亲自送刘贺归家，说的几句话礼数十足，而且很实在、很走心：“臣宁负王，不敢负社稷。愿王自爱，臣长不复见左右。”完了“涕泣而去”，也未必就是“鳄鱼眼泪”。（《汉书·霍光金日磾传》）。

对政敌历来残酷无情、连自己女婿都不放过的霍光，终其一生，都没有对刘贺进一步迫害。霍光的女婿，就是皇太后的父亲。皇太后是霍光的嫡亲外孙女。皇太后姓上官，时年十四岁。其父上官安，其祖父上官桀。上官桀父子在与霍光的权力争夺中落败，“事发觉，光尽诛桀、安、弘羊、外人宗族。”上官家被霍光灭族。（《汉书·霍光金日磾传》）上官家是皇太后的娘家，汉皇室则是皇太后的婆家。

亲外公、杀父仇人、灭了自己娘家、对婆家随意废立……皇太后的内心对霍光是怎样的一种感觉，不得而知。但是，这位名义上身居至尊、却既孤又寡的年少女性，对于刘贺，却显然是认可和同情的。这种认可与同情，源自直觉。而认可和同情的，是刘贺的善良。刘贺确实善良——至少，他一个人也没杀过。

刘贺被废，最大的可能，是缘起于刘贺那些被抓捕后诛杀的两百多名昌邑群臣从官。这些人或自作主张，或得意忘形，说了不该说的话，做了不该做的事……极有可能还背着刘贺，密谋一些极端的行动，却又口风不严，被霍光获悉而先下手为强……最终拖累刘贺，也害死了他们自己。这个推论，从他们行刑前反复呐喊可以佐证,《汉书·霍光金日磾传》:

昌邑群臣坐亡辅导之谊，陷王于恶，光悉诛杀二百余人。出死，号呼市中曰:“当断不断，反受其乱。”

被诛杀的，其实不止这两百多号人，还有刘贺。可以这么说，刘贺在被废的那一天，也被重创，丢掉了半条命。只不过，杀而不死，不是不死，是没有当场死。刘贺从被杀到死亡，花了漫长的十五年。

在那之前，刘贺无忧无虑、自由自在，每天随心所欲地吃喝玩乐，生活充满着快乐和阳光…… “快活得像雪地里的小狗”，这是第七型人格最理想的状态。

在那之后，刘贺处于事实上的软禁之中，从小到大朝夕共处、家人一样的群臣从官，一夕之间几乎被诛杀殆尽。刘贺幼年失怙，这些人的陪伴，对刘贺健康的性格无疑起到了极为重要的作用。

西汉虽然宽仁远胜于秦，但弥漫于皇室宗族的血腥味，却一点也不算少。所以，刘贺非常清楚，自己随时有被杀的可能。

哪怕你完全是无辜的，人家一样可以罗织、构陷。欲加之罪，何患无辞！经典的 27 天犯错 1127 件，可能再也没人有刘贺如此这般的深刻体验。

第七型人格被迫生活在他最不理想的状态，只会出现两种可能：第一种可能是把第七型人格打造得更强大，另一种可能则是对他生命的慢性杀戮。

不管哪一种，对于第七型，都是很伤痛的。

中国的社会人文特征，决定了中国的主流价值观会相对更倾向于规矩和沉重。第七型人格在中国，通常被主流价值观认可的阈值是最高的。所以，第七型人格的成长过程，注定会有更多的困扰与冲突。从孩提时起，一直到走上社会，通常都贴着离经叛道的标签，饱受父母、老师、领导等不同阶段权威角色的不认可、压制并试图改造。

有些第七型人格是幸运的，相对弱势宽容的父母、智慧慈悲的老师、器量宏大的领导，都会让这种困扰与冲突的效应降至最小。相反则是不幸，遇上所谓的“虎妈虎爸”、苛刻呆板的老师、狭隘铁腕的领导……第七型人格出现外向性“叛逃”，还是最理想的结局。如果逃无可逃，那么，刘贺伤逝的悲剧，重演的可能性将变得极大。

为人父母者、为人师者，当引以为戒。

霍光死后，霍家被汉宣帝灭族。宗室亲王，为什么覆灭绝嗣？

刘贺在无忧无虑做昌邑王的时候，龚遂哭着进谏，问刘贺：“大王知胶西王所以为无道亡乎？”刘贺回答不知道，当时的他确实没有觉得这问题跟自己有什么关系。但在被废之后，软禁的漫长岁月里，刘贺一定开始认真思考当年龚遂的这一问题。最终，刘贺应该是找到了答案。刘贺死后，把庞大的财富带进了地下。刘贺的后人没有太多财富，只能勤俭低调，无法骄奢跋扈，如此反而显得安贫乐道、规矩本分。汉王朝的政治风雨，以及王莽篡汉之后对刘姓宗族的清洗均得以避过，不能说没有得益于此。

刘秀复汉之后，刘贺后人重获爵位。刘贺一系生息蕃盛，人丁兴旺。南京师范大学历史系教授晋文在《海昏侯刘贺的家族与家庭》(《常州大学学报》2017 年第六期）陈述了他的考证结果——

“可以毫不夸张地说，在南昌乃至江西地区，刘贺都应该有很多后人。”

八 第八型人格：遥控器

通常人家里，都有个客厅。客厅通常标配是沙发、茶几、电视机。有电视机就有遥控器。遥控器通常放茶几上。

寇准每次来赵家，往沙发一坐，无意识地就把遥控器拿在手里。赵匡义莞尔一笑，他儿子赵恒摇头苦笑。

弘历则无意识地捏着爱新觉罗家的遥控器，直到死，一毫也不放松。

寇准

气场强，有时候是好事，有时候也不是好事。

汉宣帝被立为皇帝，前往拜谒祖庙，霍光陪乘。汉宣帝内心非常不自在，全程如芒刺在背。后改由车骑将军张安世代替霍光陪乘，汉宣帝就从容舒适了。所以班固说“霍氏之祸萌于骖乘”，认为正是霍光的强大气场，为霍家带来灭族之祸。

张咏是北宋太宗、真宗两朝的名臣，太平兴国年间进士，累擢枢密直学士，真宗时官至礼部尚书，官风诗文俱佳，尤以治蜀著称。

寇准出任陕州知州时，适逢“学长”张咏从成都返京路过。寇准接待。送别时，寇准客套性地请益。张咏认真地推介《霍光传》(按：应为《汉书》中的章节《霍光金日磾传》)。寇准回头就去翻看，看到“不学亡术”(原文)，笑了，认为张咏说他不学无术。

张咏确实有说过寇准任宰相，学术需加强之类的话。但是，张咏推介寇准研读霍光、以霍光为鉴，绝非调侃一句“不学无术”就完了。张咏有更深的用意，只是寇准忽略而已。张咏的深意，是提醒寇准，要小心自己的气场。

霍光何曾缺“术”！霍光缺的是“道”——不争之道。

寇准的气场，非常强。寇准的气场和霍光的气场，有着本质性区别。

霍光的气场，严格来说不是“自带”的。霍光最初并没什么气场，其气场是在一次又一次的血腥权力斗争中，因为连续胜出，而被赋能的，属于外源性。

寇准则不然，寇准是真正自带气场。寇准的气场，可以从其年少时候的作品、作派，得窥一二。寇准7岁时候的诗作《华山》，收录于《全宋诗》卷十：

只有天在上，更无山与齐。

举头红日近，回首白云低。

开门见山的感觉，气势逼人的感觉，外加一点目中无人……才7岁的小朋友啊！

古时蜡烛原料与制作均不易，算得上是奢侈品。即使官宦人家，通常也都不滥用，仅用于厅堂、书房等场所，平常照明则使用成本低廉得多的菜油灯。但寇准不一样,《宋史》卷二八一：

准少年富贵，性豪侈，喜剧饮，每宴宾客，多阖扉脱骖。家未尝爇油灯，虽庖匽所在，必然炬烛。

寇准出身不算豪富，但这并不影响寇准的豪奢作派。寇准当了官之后，喜欢做东，以身作则放开了喝，经常宴请宾朋。如果谁要告辞，寇准会让人关上大门牵走坐骑，热情留客。家里从不用油灯，都是点上大蜡烛，一根接一根，到处都是，连厨房也不例外。

寇准这作派，其实一直都没改。做了宰相，还是经常召集同僚下级，在家里聚餐喝酒。酒酣气盛，就锁上门留客，常常通宵。寇准这样，在场的第三型、第七型、第八型们，自然不怕，但第一型、第五型、第六型，则最怕这一出。宗谔就曾经没奈何，最后偷偷地从门扉下方空档匍匐爬出，找到马，才得以回家。

须知古代门扉下方留空，是给狗出入的。朝廷大臣，偷偷摸摸，狗一般爬出，也真是斯文扫地，狼狈不堪了。

要命的是，寇准大嘴巴，还把这事到处说，连皇帝都知道了——后来一次宴会，皇帝劝酒，宗谔坚辞以醉，并加上天色已晚为理由，皇帝就让太监附在宗谔耳边说了一句俏皮话："放心喝吧，不会再让你钻门洞的。"

宗谔惶恐羞愧可想而知，在心底痛骂寇准是大概率的事。

泄露同事喝酒的糗事，倒也罢了。自己角逐权力的关键时刻，寇准的口风还是不紧，尤其是喝了酒之后。

天禧四年（1020年），宋真宗的健康状况已经很不乐观，记忆力衰退严重，有时说话都成问题。这个节点，在皇太子继位一事上有所作为，无疑是最佳的权力布局。

寇准单独向真宗建议，及早让太子监国，并说丁谓是"佞人也，不可以辅少主”，建议屏蔽。真宗同意了。寇准就密令翰林学士杨亿起草请太子监国的奏章，同时打算用杨亿挤掉丁谓。杨亿担心泄密，把这项工作放在半夜做，屏退左右，连剪换烛跋这种原本仆人做的事都自己来，保密工作滴水不漏。

可是，纵然是重要如斯的大事，寇准还是“被酒漏言”了。丁谓等人获悉，赶紧反制——最终，右仆射兼中书侍郎、平章事寇准被罢为太子太傅、莱国公，寇准仍在权力中枢，只是有了“留用察看”的味道。

之后，太监周怀政把真宗的一些想法告知寇准，寇准正打算有所作为时，不知道为什么再一次“已而事泄”，史书这次虽然没明写寇准“被酒漏言”，但想去又是十有八九。这一次导致寇准被彻底罢相。

“蝴蝶效应”却还没完。寇准被罢相，周怀政也遭到丁谓等上疏指劾，但因为真宗和太子的袒护，没受到什么实质性处罚。周怀政自己却惶恐不安，阴谋发动政变，杀掉丁谓等人，让寇准重新担任宰相，逼真宗传位太子，真宗做太上皇，并废掉刘皇后……

政变按计划发动的前一天，周怀政同党杨崇勋、杨怀吉到丁谓家里告了密。丁谓连夜微服，乘坐妇人车舆，找手握卫戍兵权的曹利用商议。天一亮，曹利用带兵入奏于崇政殿。周怀政当场被捕，经审讯供认不讳。宋真宗不敢相信这是真的，在承明殿当面问周怀政。周怀政只是哀求饶命。真宗非常生气，当即下令用车把周怀政拉到城西普安佛寺处斩。

这次阴谋政变，没有寇准参与的相关记载，寇准极有可能是被牵连导致的无妄之灾。

但是，寇准与周怀政原本“交通”，且政变举措之一就是寇准复相，寇准是最大的客观受益人，瓜田李下，却也是难说。

寇准被降授太常卿，知相州，彻底被逐出权力中枢。

口无遮拦，有两大害处：其一是泄密，其二则是树敌。

真正扳倒寇准的主力，是丁谓。

寇准曾经大力举荐过丁谓。丁谓并非一开始就是恩将仇报的“白眼狼”——相反，丁谓一直知恩感恩。官至相当于副宰相的参知政事，已是宋真宗信任和重用的红人丁谓，依然对年长数岁的寇准，尊敬有加。

但也正是这份感恩与尊敬，加之丁谓的第二型人格行为习惯，导致在酒酣耳热的同僚聚餐现场，发生了“溜须”事件。

客观公正地说，“溜须”事件，丁谓行为并无不当。纯粹是寇准生事，口无遮拦，没来由当众羞辱丁谓，也由此为自己树敌——树了一个超级劲敌。

寇准为什么口无遮拦？

这集中体现了第八型人格的主要特质与自我防御机制。

第八型人格的主要特质就是自信、霸气、勇敢、毫不在乎、无节制，喜欢挑战与冲突，喜欢生事，欠缺同情心、同理心，风险意识较弱。

第八型人格的自我防御机制则是“否定作用”。“否定作用”其实就是上述“自信、霸气、勇敢、毫不在乎，喜欢挑战与冲突，喜欢生事，欠缺同情心、同理心，风险意识较弱”的心理源头——否定了风险，风险意识自然就弱，也就勇敢而无所畏惧；无所畏惧，自然横行霸道，什么都毫不在乎；否定了别人的需求，自然欠缺同情心和同理心；否定“度”的约束，自然无节制；否定别人的能量、身份、尊严，以及人际共处的正常规则，自然导致自信、好斗、生事、挑战与冲突……

第八型人格所有这一切，源自其潜意识里核心欲望和核心恐惧。

核心欲望是控制。

核心恐惧则是失去控制，甚至被控制。

想要获得控制，否定与冲突通常是难以避免的。

喜欢做东，本身就有控场的心理。

喜欢做东，召集同僚无节制喝酒并“阖扉脱骖”，表面上是热情留客，事实上是限制人身自由，这显然也是控场。

寇准以丁谓为自己“拂须”为题，借题发挥，当众羞辱丁谓，这么做其实就是生事，生事的唯一好处就是在那个当下，自己成为唯一控场者——哪怕这种控场毫无实际意义，第八型人格也会反智地付诸实践。

另一种控场，则体现在工作上的专制，俗称“一言堂”。第八型人格为了实现“一言堂”，极易启动“否定作用”，否定他人的能力与资格，这无疑也是树敌的“快捷键”——比如另一实力派劲敌曹利用，就是这样被寇准轻蔑的一句话，树成了对立面。《续资治通鉴》卷三四：

先是准为枢密使，曹利用副之。准素轻利用，议事有不合者，准辄曰：“君武夫，岂解此大体耶！”利用由是衔之。

“你一介武夫，哪里懂得大局关键？”当面对同僚说出这种话，跟打脸有什么区别？

控场之于寇准，犹如萧何之于韩信。成也萧何！败也萧何！寇准的政治生命，可以说是败于控场。回顾其最初发迹，却是成于控场。

寇准最初出彩，就是朝堂议事，意见不合，言辞激烈，宋太宗生气，起身就走。寇准不客气地上前揪住，说清楚才可以走。强力控场，从而获得宋太宗的赏识，一语成谶，从此开启仕途“快进模式”。《宋史》卷二八一：

尝奏事殿中，语不合，帝怒起，准辄引帝衣，令帝复坐，事决乃退。上由是嘉之，曰：“朕得寇准，犹文皇之得魏征也。”

宋太宗自比唐太宗，把寇准对标魏征。毫无疑问，通往位极人臣之路，就此在寇准脚下遥遥展开。

第八型人格的注意力焦点是控制，自觉类型是“对力量感觉强烈”，第八型人格自身原本就充满力量。这种力量会给第八型的对立面带来被挑战感，同时也会让第八型的同一阵营者产生被保护感，从而对第八型人格产生下意识的倚赖与服从。

身经百战的政治强人宋太宗，对于寇准，是长辈对晚辈、领导对属下的欣赏与喜欢，绝无依赖与服从的成分。但继位的宋真宗，比其父弱势甚多，对充满力量和自信，而显得果断刚毅的寇准，下意识产生了倚赖，甚至服从。

《续资治通鉴》卷二五的这段文字，传神地表现了宋真宗对寇准的心理倚赖：

寇准在澶州，每夕与知制诰杨亿痛饮，讴歌谐谑，喧哗达旦，帝使人觇知之，喜曰："准如此，吾复何忧！"

大敌当前，皇帝对局势安危成败的判断，却系于寇准个人的情绪状态。恰好寇准就是一个以"否定作用"为自我防御机制的第八型，不管形势如何，无一例外都是这种表现……形象地比喻，寇准其实是一个有故障的仪表，其显示的指标永远都是安全！

宋真宗这种下意识中的倚赖与服从，成就了寇准最大的政治资产。

澶州，就是澶渊之战、澶渊之盟的澶州。澶渊之盟源于澶渊之战。

寇准最大的政治资产，是澶渊之战和澶渊之盟。

宋真宗景德元年（1004年），辽军大举南侵，与宋军对峙于澶州。寇准半强迫、半裹挟宋真宗亲临前线。皇帝的到来，自然令部队士气大振；加上好运加持，威虎军张瓌掌床子弩，一箭射杀辽军主谋南侵的统军使萧达兰（一作挞览）。萧太后为之恸哭，辍朝五日，"军中夺气，滋欲议和矣"。

澶渊之盟，辽没吃亏，宋真宗也觉得自己是胜利者。但宋真宗这种良好的感觉，终结于两年之后，景德三年（1006年），王钦若的一席话。《续资治通鉴长编》卷六二：

契丹既和，朝廷无事，寇准颇矜其功，虽上亦以此待准极厚，王钦若深害之。一日会朝，准先退，上目送准，钦若因进曰："陛下敬畏寇准，为其有社稷功耶？"上曰："然。"钦若曰："臣不意陛下出此言，澶渊之役，陛下不以为耻，而谓准有社稷功，何也？"上愕然曰："何故？"钦若曰："城下之盟，虽春秋时小国犹耻之，今以万乘之贵而为澶渊之举，是盟于城下也，其何耻如之！"上愀然不能答。初，议亲征未决，或以问准，准曰："直有热血相泼耳。"于是，谮者谓准无爱君之心，且曰："陛下闻博乎，博者输钱欲尽，乃罄所有出之，谓之孤注，陛下，寇准之孤注也，斯亦危矣。"由是，上顾准稍衰。

由于王钦若被归入佞臣，名列"五鬼"，他的这段说辞也被认为是诋谮寇准。但客观而言，王钦若前半段"城下之盟"说，是明显嫉妒的意思；但后半段"孤注一掷"说，则并非全无道理。

当初辽军来势凶悍，大臣们的观点分为两派：一派以陈尧叟、王钦若为代表，建议“南巡”，移驾以避锋芒，确保中枢安全，依托战略纵深，从长计议；另一派就是寇准，主张御驾亲征，正面迎战。

两派观点，不应简单冠以对错。如果指责一方为逃跑主义，则一样可以指责另一方为冒险主义。

王钦若指责寇准的，就是其孤注一掷的赌徒式极端冒险主义——而这个孤注，就是宋真宗！

被问及最坏的可能，寇准居然没有预备方案，而是慷慨激昂的一句“热血相泼”——这种务虚的话，真宗来说可以，作为负责执行的臣子，寇准更应该务实。

后世学者也有认同王钦若的。王夫之在《宋论》中认为，寇准“折陈尧叟、王钦若避寇之策，力劝真宗渡河决战，而日与杨大年饮博歌呼于帐中”，所以，王钦若认为寇准以真宗为孤注，“其言亦非无因之诬也”。

寇准的冒险与侥幸，一定程度上对于北宋后来“路径依赖”的形成，不能说没有影响——一百二十多年后，比契丹人更凶悍的女真人南侵，因为有澶渊之战在前，北宋从皇帝到兵民，形势判断普遍都偏于乐观：敌军不会渡河，皇城不会沦陷。

宋太宗欣赏寇准廷争，欣赏的是寇准争斗的内容，而非争斗本身。但殊不知寇准热衷争斗，是性格使然，单纯为了控场而控场，为了争而争，完全不必要的争——

寇准与温仲舒并辔回府，路上有精神病患者迎寇准马首拜呼万岁。在场的王宾是寇准政敌张逊的好友，于是把这件事上奏。寇准与张逊在宋太宗面前为这件事争辩起来。介意里子不介意面子的宋太宗，根本就没把这当回事。但寇准和张逊却认了真，彼此都很不客气，争辩很快升级为争吵，最后互相揭发阴私，可能还互相问候祖上。朝堂之上，斯文礼节荡然无存。

宋太宗很生气，把张逊和寇准都降了职。

在封建时代的伦理语境，换成一般人，被拜呼万岁，必定惶恐不已，寇准却施施然，什么事都没有，争辩起来依旧理直气壮，可见其无所谓与无所畏。

寇准另一次被降职，则是跟宋太宗争辩。

寇准在人事上不参照体例考评，完全按自己的好恶提拔官员。被寇准粗暴压制的冯拯就向宋太宗申诉，说寇准歧视南方籍官员，且一人擅权，原本参与考评和决定的吕端等人形同虚设。《续资治通鉴》卷一九：

帝大怒，召责端等，端曰："准性刚自任，臣等不欲数争，虑伤国体。"因再拜请罪。既而准入对，帝语及冯拯事，准抗辩，帝曰："若廷辩，失执政之体。"准犹力争不已，帝叹曰："雀鼠尚知人意，况人乎！"翼日，准犹抱中书簿领论曲直，帝益不悦，罢知邓州。

面对太宗问责，吕端可是出了名的不糊涂，直言寇准"性刚自任"，如果争起来，那工作根本没办法开展，职能部门因此停摆都有可能。太宗当然知道寇准的作派，原本打算侧面提醒一下寇准，让寇准注意一点也就是了。不料寇准毫不会意，坚称自己没错，都有跟吕端等人合议，符合程序……估计随口有"不信，叫谁谁过来，当面验证！"的话。

政治智慧远高于寇准的太宗，知道如果对质，寇准肯定更狼狈。于是给寇准一个梯子，说对质就不体面了。谁知寇准丝毫没有领会太宗的意思，还直着脖子，抗辩不已。看到寇准如此不懂事，太宗忍不住摇头叹息，说麻雀老鼠都比你寇准懂事。

宋太宗原本以为这事好歹完了，哪里想得到，寇准第二天居然抱着一大堆档案，来找宋太宗，非要争个是非曲直。

宋太宗烦透了，直接免掉寇准参知政事职位，打发到邓州做地方官去了。

第八型人格还有一个特质，就是特别在乎公平、公正、公开，但又通常会有双重标准，即自己可以例外。

寇准"喜用寒俊，每御史缺，辄取敢言之士"，这体现的是寇准公平、公正的一面。但寇准又以自己好恶选拔人才，搞地域性歧视，这就是典型的双重标准。

双重标准原本没什么，可以做但不可以说。问题是，寇准做了，还于朝堂之上得意洋洋，公开说出。

大中祥符八年殿试，南北两名考生并列第一，争夺状元。寇准以“南方下国人不宜冠多士”为由，建议宋真宗录取北人，赤裸裸地搞地域性歧视。宋真宗采纳了寇准的建议,《续资治通鉴》卷三二：

准性自矜，尤恶南人轻巧，既出，谓同列曰：“又与中原夺得一状元。”

王旦曾经说寇准“好人怀惠，又欲人畏威”——喜欢别人对他感恩戴德，同时又要别人对他敬畏、唯唯诺诺。

胡萝卜加大棒，属于典型的第八型领导风格。

第八型人格还有一个特点就是不喜欢拐弯抹角，凡事喜欢直通通地来。

王旦是个规矩的老实人，这样的老实人，最容易被惊吓于第八型人格的直通通。《续资治通鉴》卷三二：

及准自知当罢，使人求为使相，旦大惊曰：“使相岂可求邪？”

公然跑官，这种行径绝非忠正之人所为。寇准的“否定作用”确实强大，已经到了一切规矩对其而言皆是虚设的地步。

贴着忠臣标签的寇准，其实还有更大的“瑕疵”——天书事件。

太监周怀政阴谋政变失败，被处斩，丁谓等人一并把“朱能所献天书妖妄事”举报，朱能等人也被抓了起来。

这个朱能，就是历朝历代都有的那种神棍。寇准正常情况是不会跟这种人“交通”。但太监周怀政对朱能深信不疑，引荐朱能做到御药使，领阶州刺史，并在终南山修道观，与殿直刘益辈造符命，托神灵，言国家休咎，或臧否大臣。周怀政与寇准同一阵营，而且朱能想借助寇准的品牌声望，对寇准极为奉承，于是彼此“交通”了。

当时宋真宗大力推崇道教，但大臣百姓都不是特别买账。朱能诈言天书降世，宋真宗向大臣们征求意见。寇准阵营中有人认为这是一次权力投机的好机会，正好寇准平素不相信祥瑞符命这一套，对以此逢迎真宗的丁谓等一贯嗤之以鼻，所以，如果由寇准来出头，那大臣百姓必定折服，朱能等必定获得真宗宠幸，寇准阵营也可以获得更多权力资源，从而在与丁谓阵营的斗争中更为主动。

寇准原本不愿干这种事，门人中也有人反对……但经不住周怀政一再要求，加上寇准的女婿王曙也致书劝说，最终，天禧三年（1019 年）三月，寇准上奏，称天书降于乾祐山中。

拙劣的骗局，只蒙得住宋真宗一人——“中外咸识其诈，上独不疑”。

以上出自《续资治通鉴长编》卷九三。但《宋史》卷二八一里却是另一种说法：

时巡检朱能挟内侍都知周怀政诈为天书，上以问王旦。旦曰：“始不信天书者，准也。今天书降，须令准上之。”准从上其书。

变成是寇准奉旨上书，真宗不仅是知情者，而且是主使者，王旦则是提议者——这很明显是谬误：首先，王旦死于天禧元年正月，寇准上书于天禧三年三月；其次，真若如此，则寇准门人建议自首、丁谓举发、真宗派人抓捕朱能等事，全都变成前后抵牾、不合逻辑了。

天书事件，寇准无疑是走了一步臭棋，个人亏损极大，忠直之臣的人设招牌已经一定程度上染污——这种事，原本是丁谓们做的，丁谓们因此被寇准鄙视、嘲笑，并斥为佞臣。

如今寇准自己竟然也做了，而且，做得比丁谓们更低级、更不堪。

寇准的门人曾经建议寇准主动举发此事，“尚可全平生正直之名”。

可惜，寇准没有采纳。

寇准为什么不采纳？

寇准为什么要违心上奏天书降世？

寇准为什么公然跑官？

寇准为什么要签订澶渊之盟，而不是追亡逐北、血战到底？

……

原因是第八型人格的自保与务实的一面。

现实中，第八型人格好像粗枝大叶、挥金如土，一副败家相，照理说应该很容易破产、沦落成无产者才对……但实际情况恰恰相反，第八型人格创业，往往都能比较轻松地实现营收与盈利，盘点第八型人格选择的行业，大多现实而务实，容易存活。

寇准人生最后一程很是失意。

但寇准输了政争，却不输气势。丁谓买通钦差，假传圣意，令寇准与李迪自尽。李迪当真，差点冤死，寇准却镇定自若，针锋相对，令钦差无计可施。

乾兴元年（1022年），丁谓倒台，被贬往更远的崖州，即海南岛。丁谓途经寇准所贬的雷州时，寇准让人奉送丁谓一只蒸羊，以表地主之谊。丁谓想见寇准，被寇准拒绝。第八型人格大气、慷慨、磊落。但是，通常都特别记仇。

乾隆

琴幼年时，一次车祸，双亲因此丧生。教授收留了琴，从此琴在一个友爱的大家庭中正常地生活和学习，成长为一个性格健康开朗的大姑娘，还有了心仪的男友。假如一切正常，琴可能如教授及社会所期望那样，兢兢业业，波澜不惊，就此终老一生。

在执行外太空救援任务时，琴为了救回最后一名宇航员，被太阳耀斑击中。队友们都以为琴完了，但好在没有，琴和队友们圆满完成任务，返回地球。

从此以后，琴开始无缘无故地恍惚，恍惚时无法控制自己的强大能量，每次能量释放就必定造成巨大破坏。

诱发琴失控的，是潜意识深处冒出来的一些童年意象碎片。这些碎片之前一直都没有出现过。琴怀疑自己的潜意识被教授做了手脚，于是不顾劝阻，出走寻找真相。琴返回记忆中的家里，发现父亲竟然还活着。在父亲那里，琴还原了自己真实的记忆：当年，琴的超能力导致意外翻车，驾车的母亲当场死亡。父亲无法接受和原谅琴，抛弃了琴。

教授为了琴能够健康成长，利用超能力进入琴的潜意识，在那里构筑一道厚墙，把真相彻底封装起来。

外太空击中琴的，其实不是太阳耀斑，而是一股不明宇宙能量。就是这股超强宇宙能量，冲垮了教授构筑在琴潜意识中的厚墙。

恢复真实记忆的琴极度伤心，变得乖戾残暴，面对往日亲如家人的老师、队友，翻脸无情，大开杀戒……

乾隆与琴——漫威电影《X战警之黑凤凰》的主人公——的心理轨迹颇有几分相似。

乾隆十三年，是乾隆人生版图的一道分水岭。历史学家高王凌老师有一本专著，书名就叫作《乾隆十三年》。该书详细解读历史上的这一年，因为乾隆皇帝个人性情大变，而导致大清帝国政治风格的突然转向。

乾隆继位成为大清皇帝，礼敬臣工，恤悯百姓，政风大度、宽和，对于

雍正朝的严苛做了很大的调整,《清稗类钞·帝德类 2》:

高宗即位，承世宗严肃之后，以宽大为政，罢开垦、停捐纳、重农桑、汰僧尼之诏累下，万民欢悦，吴中谣有“乾隆宝，增寿考；乾隆钱，万万年”之语。

几千年规避皇帝名讳的传统，终结于乾隆。原本，凡与皇帝名字中相同的，全部必须改名或避用。乾隆没有这么做,“弘”“历”二字不作避讳，弘昼、弘瞻、弘晰等，均未改名。

忠、孝、仁、义、礼、智、信，乾隆是以圣君的标准全维度进行自我要求。乾隆也差不多都做到了。

乾隆继位之初，有雄心，也有信心。乾隆元年，在上谕中明确表明了“三代之治必可复，尧舜之道必可行”的坚定方向。

乾隆没有停留在口号上，而是全部付诸实践之中。

对于百姓民生，乾隆的确仁慈，他关心百姓疾苦，一有灾荒，即不吝赈恤。所以乾隆四十三年，锦县生员金从善拦路上书，认为乾隆在四个方面做得不够，其一包括“施德”。乾隆的驳斥理直气壮:“又所请施德一事，朕践阼至今四十三年，曾普免天下钱粮三次，普免漕粮一次，而灾赈之需，动辄数百万。”

乾隆对死刑的态度很慎重，总是仔细审定，以免错杀，且尽量从宽。很多死刑被改为“可矜”“缓刑”，缓刑者通常都可得免一死。

对大臣的处分，就更是谨慎。据统计，乾隆十三年之前，被处死的二品以上大臣只有一人——鄂善。而且，鄂善还是被赐自裁的。乾隆流着泪，赐鄂善自裁。《清高宗实录》卷一三九:

朕之处鄂善，亦犹是耳。因垂泪谕之曰:“尔罪按律应绞，念尔曾为大臣，不忍明正典刑，然汝亦何颜复立人世乎？汝宜有以自处也。”

乾隆决定赐死鄂善，写了非常长的“情况说明”。毫无疑问，至尊无上、权柄总揽、乾纲独断的乾隆，没有义务也没有必要向任何人再作如此细致入微的解释。乾隆是向自己解释。

乾隆在上谕中不厌其烦地解释了鄂善案件进程始末，以及处罚的缘由等，

并表达了自己的情感与情绪,《清高宗实录》卷一三九:

朕于大臣，视同手足。今尔负朕至此，朕万不得已如此办理。自降旨之后，心中戚戚，不能自释，如人身之失手足也。

乾隆还作了自责，认为自己宠溺宽容，负有不可推卸的领导责任,《清高宗实录》卷一三九:

夫奸盗等案，朕尚熟思审虑，期于至当。况鄂善曾为大臣者乎！朕为此事数日以来，寝不安席，食不甘味，深自痛责，以为不如皇考之仁育义正，能使百尔臣工，兢兢奉法，自不致身陷重辟。水溺之病，朕实蹈之。

不只是对鄂善如此。乾隆十三年之前的上谕，行文都委婉细致，字里行间不乏同情心与同理心。

乾隆显然以圣贤之教“克己复礼”在要求自己——但不管怎么说，至少在台面上，乾隆对大臣，是尊重与爱惜的。

从乾隆十一年的这份训饬中，可以从侧面折射出当时人君之宽松、人臣之轻松。《清高宗实录》卷二六一:

朕日理政务，不时召见文武大臣，面加咨询，以期或有裨益。前因九卿奏事到乾清门，朕正在召见诸臣之际，而续降旨召见之臣，以为己事既毕，竟不候而归。是朕心机务维勤，不敢暇逸，而大臣则已退食自公，优游闲适矣。比经降旨申饬，并令奏事官员，俟朕办事毕，传谕各散，然后退直。近闻得九卿中，有因祗候稍久，而以为劳苦含怨者。夫以候朕理事之顷，不能等待，而急遽若此。古人事君之道，夙夜匪懈，诸臣独不知之乎？为此特行训饬，诸臣思之，当自愧于心也。

皇帝只有一位，奏事大臣却很多，那就只能排队。出来一拨，再进去一拨。最辛苦的，无疑是连轴转的皇帝本人。然而有的大臣竟然不耐烦等，招呼也不打，就先回去了。等到皇帝“叫号”，却叫了个空。皇帝只好要求奏事的大臣们，以后类似情况，得等皇帝通知“下班”，大家再走。这样一来，大臣就不能任性走人，于是就有人等的时间稍长，竟然有了怨怼之言。而乾隆对这样的大逆不道，也只是好言告诫，晓之以理、动之以情而已。

此外就是文字狱。满清取得统治权后一直没有间断的文字狱，在雍正朝尤甚。乾隆继位之后，对文字狱持宽和态度。乾隆六年发生的谢济世案，虽认定诋毁理学与先贤，但也仅是把著作焚毁，至于谢济世本人，则未受刑责。

但在乾隆十三年之后，一切就截然不同了。

死刑变得很平常，审判明显从严从重。很多群体性事件的胁从者，也一概处以死刑。判处缓刑的，也基本都是杀掉。

对民间起义或边关公然叛乱者，则更严酷。乾隆三十年镇压乌什暴动，直接降谕："克复乌什城后，勿留孑遗，尽数杀戮！"（《清高宗实录》卷七三六）

对大臣，亦复如是。乾隆变得严苛残暴。经常是对有罪者，辄不论功过，无情处置；对无罪者，也是颐指气使，极尽贬损折辱之能事。

乾隆十三年，因为金川之战的不遂人意，乾隆一口气就杀掉了庆复、张广泗、讷亲。此三人，皆二品以上大员，且均为乾隆肱股心腹大臣，对乾隆忠心耿耿。尤其是讷亲，身为领班军机大臣、保和殿大学士、袭一等果毅公，且为皇族姻戚。而且，讷亲是乾隆自己一手恩宠栽培起来"第一受恩之人""以为少年大臣中可以望其有成者"。

客观公论，行军打仗，哪有必胜之理。何况金川地处偏远、地形险峻、气候恶劣，原本就是易守难攻。三人虽然均有不力之处，但忠君之心是绝对没有问题的，而且此前都不乏功劳苦劳。此番兵败，也不是因其通敌卖国、舞弊营私，也没有临阵脱逃、贻误军机，死刑处罚显然是太重了。

由此可以反证乾隆不是第六型人格。

如果是第六型人格，不会杀自己心腹，即使真的罪不可赦，也会尽量回护变通——这一点上，蒋介石就是一个典型。如果换成乾隆，汤恩伯之流，不知道要死多少回。

乾隆十三年，因为皇后忌辰百日内"违制剃发"事件，乾隆怒不可遏，周学健、塞楞额立马被赐令自尽，乾隆本想再杀，发现剃发的官员实在太多，才改为革职、降级等处分。

翰林院在皇后册文翻译成满文时，把“皇妣”翻成“先太后”，乾隆看到，马上召见负责翻译的阿克敦，想不到阿克敦没有候旨，已经先行退出。乾隆大怒，当即咬定阿克敦是心里有怨，故意恶搞，下令刑部严究。

刑部揣摩上意，知道乾隆动了杀心，就给阿克敦安一个“增减制书未施行者”罪名，判“绞监候”。

这已经是从重了，但乾隆却意犹未尽，认为罪名太轻，处罚人数太少，针对这件事再发上谕，内中排比句咄咄逼人，且流弹四射，直指刑部包庇，之前委婉理性的文风荡然无存，《清高宗实录》卷三一三：

又谕：今日刑部覆奏阿克敦议罪一案，比照增减制书未施行者律，拟绞监候。夫阿克敦之罪，曰大不敬！曰怨望！曰人臣无将！朕之谕旨，如此明确，而该部乃照增减制书之例拟议，明系瞻顾寅谊，党同徇庇……伊等身为大臣，岂不知大不敬、怨望及人臣无将，为臣子极大之罪？

阿克敦最后还是得到赦免，可能是乾隆也考据出“皇妣”就是“先太后”……但这么无端地在鬼门关口荡了一个秋千，连惊带吓，阿克敦也丢了半条命了。

后来，翰林院撰拟孝贤皇后冬至祭文中，有用到“泉台”一词。乾隆阅后，认为不够高端，“此二字，用之常人尚可，即王公等宜不用，岂可加之皇后之尊”，这次追责追到张廷玉头上，认为“大学士张廷玉等全不留心检点，草率塞责，殊失敬谨之义……俱着罚本俸一年。”

这是张廷玉历康熙、雍正、乾隆三朝，为官四十七年以来，第一次受罚。

最终，乾隆成为诛杀大臣最多的清朝皇帝。以严苛著称的其父雍正，也只能屈居第二。

乾隆有别于乃父乃祖之处，就是对大臣不仅诛杀，而且辱骂。乾隆比较喜欢使用的一个词就是“吠”——“大肆狂吠”“狂吠不止”“犬吠狼嗥”……骂得固然酣畅，但如此骂臣子为狗，却极欠思量，也大失体统——皇帝不都是以君父自居吗？臣子是狗，你又是什么？

但第八型人格对规则，天然存在双重标准，而且毫无违和感，认为规则适用于他人，自己则例外。乾隆对自己的不当用词毫不在乎，对他人却极尽严苛之能事——如文字狱。

乾隆十三年之后，文字狱骤然加力，掀起血雨腥风，无数人或因若干字词、或因数本藏书、或因无心言论而获罪，动辄生者满门抄斩，逝者开棺戮尸。甚至，一些不知所言的疯癫病人、怪力乱神的江湖骗子，但凡言行有些不正常，或有人举报，很容易就会被冠以“悖逆”，圈到文字狱中，或者杀掉，或者流放了事。

本来，历代皇帝或官员，对治罪于疯癫，大多不以为然，但乾隆显然对此全无所谓，随意处罚，并无不可——这背后有第八型人格的自我防御机制“否定作用”，以及“度”的意识缺失。

一时之间，文人士子噤若寒蝉，神州大地万马齐喑，中国思想探索与科学精神遭遇强力钳制与桎梏，发展失速，进入至暗时刻。

乾隆对文字狱的酷毒，除了有满清以少数民族夺取政权，文化不自信而神经过敏的原因之外，更多是源于乾隆第八型人格的一个特质：喜欢直，喜欢正面冲突；不喜欢绕弯子，不喜欢背后玩花招。

第八型人格的凋零方向是第五型，第八型具有第五型的不少特质，如逻辑、思考等。

复盘文字狱中那些被治罪的案例，里面确实不少是文人玩文字游戏而自取其祸。历代文人大都有这种毛病，喜欢虚虚实实的春秋笔法，将个人政见或好恶，巧妙隐藏于文字之中，以暗喻和影射为能事。这种春秋笔法、文字游戏，有点像编写密码。而作为其对立面的统治者，自然就成了破译密码的一方。恰好乾隆自诩学识渊博，才思敏捷，于是津津有味地破译，孜孜不倦地杀人，因此大狱迭起，人人自危，也就不足为奇了。例如，胡仲藻出考题“乾三爻不象龙之说”；蔡显抄录“夺朱非正色，异种也称王”；徐述夔诗句“明朝期振翮，一举去清都”；其子徐怀祖诗句“大明天子重相见，且把壶（胡）儿搁半边”；卓长龄诗句“楚礽乃知原尚佐，剃头轻卸一层毡”；戴昆诗句“长明宁易得，短发支长恨”；乔廷英诗句“千秋臣子心，一朝日月心”，等等。

这些文人里面，有些原本就具反清意识，有些则是无心巧合而招致无妄之灾。

乾隆大兴文字狱，其最根本的动机，还是源自第八型人格的核心欲望——控制。

乾隆从即位起，终其一生，都下意识地把权柄牢牢控制于自己手中。后妃、外戚、内侍、权臣……所有历史上出现过干政的势力，在乾隆一朝都没有露头。晚年出一个和珅，看上去权倾朝野，说到底也就是乾隆的一个弄臣兼“储蓄罐”，作为遗产留给嘉庆。乾隆一死，嘉庆就很轻松地砸了这个“储蓄罐”，里面果然满满的都是钱。

乾隆对母亲一直孝敬殷勤。有一次乾隆去请安，母子闲坐聊天，太后随口聊道：听人说顺天府东面有一座庙，里面的菩萨十分灵验，但是年久失修，害怕什么时候塌了，是不是安排谁去修葺一下。

乾隆答应了，也安排人去办了。但一转身，却下旨将太后的太监严厉斥责一顿，不准他们把宫外信息传递给太后，以免太后操心，影响老人家修心养性，表面上是出于孝心，其实就是对太后“干政”的不满，太后也是冰雪聪明，从此不再多嘴多事，母慈子孝，终老天年。

对太后身边的太监，乾隆毕竟顾及母亲面子，仅是斥责。自己身边的太监，那就真没“好果子”吃了。《啸亭杂录》中记载：

有内监高云从素与于相交善，稍泄机务，上闻之大怒，将高立置磔刑，其严明也如此。

这跟雍正听到伶人打听地方官员，勃然大怒，当场处死，表面上很像，但各自动机却不同。

雍正是防微杜渐，不让这种风气蔓延，以确保手中“遥控器”的安全。乾隆则完全是本能反应，条件反射地不让其他的手碰触“遥控器”。

对乾隆而言，控制是第一位的。

相对于有形的生命、财产等，对无形的思想的控制，难度系数显然更大。

但思想虽然无形，其载体却是有形的——思想者及相关的言论、著作、记录等。所以乾隆通过掌控（摧毁）这些载体，进而实现对思想的控制。

从这个视角看，乾隆亲自主持编纂《四库全书》，其主观动机，既有好大喜功，又有文化专制的成分；客观功过，则既有保存整理我国古代文化遗产之功，亦有出于私人政治目的销毁立场迥异书籍而破坏文化遗产之过——据《四库全书纂修考》统计，因编纂《四库全书》，所销毁书籍在十万部左右。

《四库全书》更像一个超级文化保甲体系，对于被销毁的书籍而言，则不啻于一个文化“集中营”。

第八型人格的其他两大主要特质，在乾隆的身上也得以显著凸显。

一是热衷于做东请客，这跟前一篇的寇准一样。据《啸亭续录》列举，乾隆朝创办、“定制”（即机制化，每年固定举办）或升格的特大宴会，就有宗室宴、廷臣宴、茶宴、山高水长殿看烟火、除夕上元筵宴外藩、大蒙古包宴、赐福字（宴）、赐荷包灯盏诸物（宴）、派吃跳神肉及听戏王大臣宴、大戏节戏（宴）、端午龙舟（宴）、千叟宴……此外，皇太后五十、六十大寿，以及自己的逢十寿诞，更是极尽豪奢之能事。

二是好大喜功。乾隆五十七年，八十二岁的乾隆亲自撰写了《十全记》，记述自己一生的“十全武功”，史称《御制十全记》。乾隆帝因此自称“十全老人”。而在这十次大军事行动中，有维护国家主权和领土完整的正义战争，也有镇压人民起义及入侵邻国的非正义战争。这些战争，大部分发生于乾隆十三年之后。

乾隆十三年，之前与之后，乾隆皇帝的行为模式与心理模式为什么判若两人？这“两人”之中，哪一个才是真正的乾隆？

乾隆十三年之后的乾隆，才是真正的乾隆！

第八型人格属于腹中心，即本能中心。腹中心的核心情绪是愤怒，而第八型是把愤怒外化，这一点相反于第一型人格把愤怒内化而呈现出的自我压抑。

乾隆十三年之前的乾隆如何解释？九型人格学说与精神结构学说的解释殊途同归。

第八型人格的成长方向是第二型，第八型人格在顺境、低压力、健康层级高的情况下，会体现非常多第二型人格的优点，如爱心、同情心、同理心、奉献与服务意识等。

乾隆从小乃至登上皇位，都堪称幸运儿。幼童时，就获得其祖父康熙非同一般的疼爱。雍正即位后，又截然不同于其父当年九子夺嫡的煎熬，作为皇位继承人基本既无悬念也无威胁。登上皇位对乾隆而言，既不是意外，也是意外。乾隆知道虽未公开立储，但这继位者一定是自己，雍正猝死，答案揭晓，果然不差——此乃“不是意外”。但乾隆没想到这一天这么早就到来，原以为接班当皇帝至少是三十岁，甚至四十岁之后的事，想不到这么快就来了——此乃“也是意外”。

丧父的悲痛，不能说没有。但是，这般“不是意外”和“也是意外”，波澜不惊就登顶权力巅峰，对于正常的凡俗之人而言，悲痛之余，难说没有惊喜的成分。

乾隆继承的大清帝国，经历雍正十几年的励精图治，各方面都体现出相对良性和高效，可以说，不同于康熙初的大局岌岌、雍正初期的国库空空，乾隆继承的，算得上是一个不太费心的太平天下。

也正是在这个基础上，初登皇位的乾隆，才有信心和决心更上一层楼，按圣君的标准要求自己，以恢复尧舜禹的“三代之治”。此时的乾隆，客观外在上处于顺境，主观内在则处于高成长性及较高的性格健康层级。

此外，不可忽略的一个因素则是乾隆的习得性人设。这习得性人设的赋值者主要是康熙和雍正。康熙和雍正无疑都是气场超强大者，他们对乾隆均寄予厚望，都在对乾隆给予厚爱的同时，给予高标准的期望和严格的教育。乾隆对祖父和父亲，尤其是其祖父康熙，是敬爱且尊崇，所有这些认同体系，成就了乾隆的社会化人设。这社会化人设，也就是精神结构学说上的“超我”。

可以形象化地比喻：乾隆十三年之前的乾隆，一直心甘情愿穿着精致完美的瓷器盔甲。

因为这“盔甲”太完美，而且承载了祖父、父亲的爱与期望，所以，乾隆自己也喜欢和爱惜这件“盔甲”，一举一动均小心翼翼，担心碰坏这件“瓷器盔甲”，就是乾隆的社会化人设，也就是乾隆的“超我”。

乾隆十三年，因为某些意外，这件“瓷器盔甲”破碎了。从此，乾隆不再为社会化人设所桎梏。

乾隆的“自我”，接管了乾隆的“超我”。

意外不是一件事，应该是三件事，累加之后，聚变反应，突破了乾隆“超我”的临界值，最终爆发，导致了“超我”的崩溃。

这三件事是——

乾隆三年，十月十二，嫡长子即二皇子永琏病亡，年仅九岁。

乾隆十二年，除夕，嫡次子即皇七子永琮，因出痘病亡，年仅二岁。

乾隆十三年，三月十一日，皇后富察氏随驾东巡，半途突然病亡，年三十七岁。

永琏、永琮皆为皇后富察氏所生。永琏的名字是雍正取的，字面上就有传承宗器之意。永琏“聪明贵重，器宇不凡”，深得乾隆喜爱。乾隆元年，即召集大臣，将写着永琏的立储密诏，封存于乾清宫“正大光明”牌匾之后。永琏死后，乾隆辍朝五日，可见内心之哀痛。

永琮也是“毓粹中宫，性成夙慧，甫及两周，岐嶷表异”，深得乾隆夫妻与皇太后钟爱，乾隆再次将永琮内定为皇储，想不到还是夭折了。而且夭折的时间，是除夕！

永琏死时，乾隆降谕“朕心深为悲悼。朕为天下主，岂肯因幼殇而伤怀抱”，表明自己虽然悲痛，但不会因此影响以天下为己任的初心——其实，根据心理活动规律，表白自己不受影响，其实就已受影响。

永琮死时，乾隆降谕“复念朕即位以来，敬天勤民，心殷继述，未敢稍有得罪天地祖宗，而嫡嗣再殇”，文字背后，已经隐然浮现乾隆对造化弄人的不平、不甘、不服、不满。

由悲而愤，第八型人格的怒火已经开始燃烧，只是，被强大的超我压制于潜意识的最深处而已。

才三个多月，皇后富察氏突然病亡于东巡半途。皇后的突然去世，诱发了乾隆愤怒情绪的总爆发！

乾隆对离世的富察氏，给予了极高的礼遇，祭奠殷勤，还写了不少深情悼念、伤怀感怀的诗……这些真的就能说明乾隆对富察氏的感情吗？其实未必！很多情况下，文人写诗的驱动并非感情，而是以感情为由头的写作本身。压力中的第八型人格尤甚，其潜意识里通常是把女性视为一件可支配的附属品。

但是，皇子与皇后的死，对乾隆的冲击是非常大的——现实粗暴挑战了乾隆的核心欲望，唤醒了乾隆的核心恐惧。第八型核心的欲望就是控制，核心的恐惧则是失去控制——或者说被控制。乾隆面对这些厄运，不仅感觉自己完全无法控制，还有一种冥冥之中的被控制感。

还有就是面子！第八型人格特质之一，就是特别在意面子。对乾隆而言，损坏面子的恼羞，可能远甚失去亲人的哀痛。

毕竟，根深蒂固“天人合一”的观念下，聪明的乾隆，可以很容易想象得出，人们会怎样幸灾乐祸地来评价、嘲笑和攻击他！

还真有人这么干了，而且是白纸黑字——所幸的是，此事未被乾隆知晓。

这个人就是刘松龄。刘松龄（Augustin Ferdinand Von Hallerstein），斯洛文尼亚人，在奥地利教区加入耶稣会，后被派往中国传教。乾隆四年，刘松龄获准到达北京，并进入了钦天监；乾隆八年，被补授为钦天监监副；从乾隆十一年开始担任钦天监监正一职，官居正五品；乾隆十八年因迎接外国使臣“甚属黾勉”，而被赐予三品职衔；在钦天监任职 28 年，直至去世。

刘松龄精通历算，在钦天监任上进行了卓有成效的工作，主持制造天球仪、玑衡抚辰仪等天文测量仪器，修订《灵台仪象志》《仪象考成》等重要天文学典籍。但刘松龄的真正使命，不是做大清帝国的官，为大清帝国服务——而是传教。

而对基督教和天主教，乾隆的态度是旗帜鲜明的。乾隆继承雍正朝的“禁教”政策，对地方官员抓捕的传教士，不止一次降谕或授意“瘐毙”之——杀死在狱中，然后上报为病死。于是，乾隆成为基督教和天主教的公敌。

刘松龄在乾隆十四年十月写给意大利象波里耶稣会士、耶稣会“拿波里省”负责人的信中，如此写道（以下信件内文转引自高王凌《刘松龄笔下的乾隆十三年——刘松龄研究之二》，刊登于《清史研究》2008 年第三期）：

阁下必定已经从其他的报告里知道了，上帝对这些基督教的敌人，是怎么的报复了！

刘松龄接着写了乾隆十三年诛杀大臣讷亲等人，然后写道：

皇帝还丧失了正宫皇后为他生的一个儿子，这是上帝的要求！这还不够，因为他们有不少儿子，都是跟妃子生的。尤其使皇帝感到恐惧和难受的是它发生的时间，第二天就是中国的大年初一，这对中国人是特别糟糕的事情。如果这天死了孩子。这家长肯定是一个受到诅咒的人。

这应该就是幸灾乐祸者最具代表性的看法了——这也是乾隆很容易想象得到，但是又完全无从控制，因此而怒不可遏。

刘松龄接着写了皇后病亡与乾隆的反应——

上帝对他的野心的第二个报复，不比第一个小，是他丧失了自己的皇后！他们在山东时，去往一个庙里祈祷，在回来的路上，皇后突然生了可怕的病，一天就死了，给皇帝带来极大的羞辱。因为那些神不要听他的祷告。这个可怜的皇帝感到这么严重的丢了脸面和难以忍受。于是就变成了一个很厉害的仇恨的爆发者。

天文学专家无意中说出了应该由心理学专家的观点：乾隆主要是因为丢了脸面，被无形无相却如影随形、且无可奈何的敌人——造化——反复挑衅与戏弄，仇恨与愤怒彻底爆发了。

他拿脚踏他的皇长子，然后命令打他，说他在皇后丧仪上不够悲哀。另外把两个大臣打得是这样厉害，以致一个当天死了，一个过几天也死了。另一个大家认为最有智慧有文化的一品官，也在宫廷遭到审问，几个月后才得到赦免。另有一个地位一样的人，虽经他母亲求情，还是在皇帝眼前挨打，几乎打死，然后很没面子的从宫廷拉出去了。

刘松龄的信件，极具文献价值。

清人一直在修改史料，特别是档案史料，乾隆朝尤甚。很多被认为有损皇帝形象的言行乃至文件，都不被载入，或者载入后再遭到删改。

由于文字狱的泛滥与酷毒，文人士子噤若寒蝉，纵使还有野史、笔记，也只能是随喜赞叹，对于内容略有敏感的，则心照不宣，自觉绕行，从而导致全体性失声。

乾隆暴怒，情绪彻底失控，做出一些不计后果的过激失态的行为，从其性格来看，是一点也不奇怪的。喜欢生事、喜欢宣泄怒火、喜欢暴力攻击……这些原本就是第八型人格的特质。

作为钦天监监正的刘松龄，其岗位职责决定了丧礼这种事，他是在现场的。他目睹了乾隆的怒火与暴力。

刘松龄写这封信时，并不知道五个月之后，乾隆十五年三月，他信里写到的那位被踢打的皇长子永璜，也薨逝了。

永璜当时已经成年（死时年仅 23 岁），而且是身体最好的年纪，单纯地因病去世，可能性不大。很大成分是在乾隆的无情、严厉和恐吓之下，伤心、绝望、惊惧交集成疾，不治而亡。

正史上没有记载乾隆踢打大阿哥，但在孝贤皇后丧事百日后的六月廿一日，乾隆降谕，不满之意，如冰雹一般，直冲永璜倾泻而下。《清高宗实录》卷三一七：

试看大阿哥、年已二十一岁，此次于皇后大事，伊一切举动。尚堪入目乎！父母同幸山东，惟父一人回銮至京，稍具人心之子，当如何哀痛？乃大阿哥全不介意，只如照常当差，并无哀慕之忱。朕彼时降旨，谓大阿哥昏庸者，特以不孝之罪甚大，伊不能当，故委婉施恩将伊开脱，以全其生路。若将伊不孝之处表白于外，伊尚可忝生人世乎？今事虽已过，朕如不显然开示，以彼愚昧之见，必谓母后崩逝，弟兄之内惟我居长，日后除我之外，谁克肩承重器，遂致妄生觊觎。

接着是皇三子永璋：

至三阿哥，朕先以为尚有可望，亦曾降旨于讷亲等。今看三阿哥，亦不满人意，年已十四岁全无知识。此次皇后之事，伊于人子之道毫不能尽。

乾隆以不容置疑的口气，无情宣判了两个儿子政治生命的死刑：

此二人断不可承继大统。

政治生命被判处死刑，同时以真正的死刑，来恐吓两个儿子：

若不自量，各怀异意，日后必至弟兄相杀而后止。与其令伊等弟兄相杀，不如朕为父者杀之。伊等若敢于朕前微露端倪，朕必照今日之旨，显揭其不孝之罪，即行正法！

乾隆没想到的是，他这样做，无形之中可能已经就把永璜与永璋预判了死刑——缓期而已。乾隆二十五年，永璋去世，年仅二十六岁。

乾隆在孝贤皇后死后，对大臣及儿子的反常苛刻，隐隐约约有迁怒的迹象，或者说，是第八型人格用最本能的反应，在下意识地遮盖某种内心感觉。

这种不好的感觉，很可能与孝贤皇后之死有关。孝贤皇后的死，确实太过突兀，引发了史学界的猜疑与争议。另有说法认为，孝贤皇后不是病死，而是落水溺死。落水的原因，则有三种：投水自尽、失足落水、被逼投河。

什么事情促使原先一切正常的孝贤皇后，突然变得不正常呢？

这又引出了乾隆更大的疑案——乾隆是否与皇后的弟媳、傅恒的夫人有染？

认为乾隆与傅恒夫人不可能有染的理由，一是不见任何记载，二是清朝皇宫规矩很严谨，皇帝与大臣家眷轻易不会有交集，三是认为乾隆对皇后深情而专一，这一点从乾隆为皇后写的那么多殷切真挚的悼亡诗，可以佐证。

第一条理由，形同虚设。清朝那种环境下，这种闺房隐晦之事，正史不会留线索，野史不敢留线索，而像刘松龄这样的外国人，则没有沾边的可能性了。

第二条理由，则不绝对——虽然清代宫禁规矩算得上严格的，大臣女眷轻易不得进宫。但傅恒夫人是皇亲，经常进宫并不奇怪。如有进宫，遇见乾隆是完全可能的。初次遇见，乾隆如果动心，自然很容易制造经常“遇见”的机会。

如果机会相对成熟，果断抓住机会并付诸行动，是完全符合第八型人格冲动、勇敢、行动力强、潜意识里无视规则礼法的人格特质的。

至于第三条，我们前面说过——乾隆完全是为了写而写，而非为了伊而写。

为了写而写——据统计，乾隆一生诗作共计四万多首（有说四万一千多，有说四万三千多，待考），而《全唐诗》作者两千两百位，诗作共计才四万八千余首。乾隆一个人，就差不多“单挑”了。乾隆寿数八十九年，折合成天数是三万两千多天，扣除婴幼儿期，平均每天写诗一首多。在这一点上，乾隆确实是睥睨古今、傲视全球了。

这种写作方式，以及那些实在不敢恭维的诗作，足以证明乾隆既不是脑区的思想中心，也不是心区的情感中心，而是腹区的本能中心——只有本能驱动的不假思索、无畏无谓，才能有如此海量作品。

认定乾隆与傅恒夫人有染的最有力的“抓手”，就是来自乾隆这样不假思索、无畏无谓写出来的一首诗。

这首诗是傅恒病死后，乾隆到其府上祭奠，写下的七律诗《临大学士忠勇公傅恒第赐酹酒》，收于《钦定八旗通志》卷首之四：

瘴徼方欣舆病回，侵寻辰尾顿增哀。

鞠躬尽瘁诚已矣，临第写悲有是哉。

千载不磨入南恨，半涂乃夺济川材。

平生忠勇家声继，汝子吾儿定教培。

“抓手”就是最后一句“汝子吾儿”——福康安是乾隆的儿子？！

已故的金庸先生，在其作《书剑恩仇录》《飞狐外传》中，都用上了这个“梗”，把福康安写成乾隆的私生子，而且长相酷似乾隆。台湾作家许晏骈（笔名高阳）更是以乾隆和傅恒夫人的私情为主线，写出历史小说《乾隆韵事》。

考虑到乾隆不假思索信口开河的“创作”习惯，可以说——仅凭一句存在歧义的诗句，就断定福康安是乾隆私生子，难免有牵强附会之嫌。

真正有力的，则另有逻辑。乾隆对福康安悉心栽培，福康安一路建功立业，成为清朝第一个宗室之外活着被封为贝子之人，死后被追封为嘉勇郡王，异姓封王，恩宠无以复加……但是，极其违反常理的事却出现了，乾隆就是不把女儿嫁给福康安！

不仅自己女儿不嫁，宗室女子，也不可以。

可是，福康安的大哥福灵安和二哥福隆安，却又都是额驸。

一件事情，一旦严重不符合逻辑，悬疑也就自然产生了。

当然，不能证实，亦不能证伪——只是悬疑而已。

回到乾隆十三年之前，彼时的乾隆“克己复礼”，以儒家理学为圭臬，行为规矩温和，怎么可能如此唐突、胆大妄为呢？

那就再沿着时间轴上溯至乾隆幼年，看看彼时的爱新觉罗·弘历是什么样的吧。《清高宗实录》卷一：

其年秋，随侍圣祖巡避暑山庄，赐居万壑松风，读书其中。一日望见御舟泊晴碧亭畔，闻圣祖呼名，即趋岩壁而下。顾谓勿疾行，恐致蹉跌……木兰从狝，入永安莽喀围场，命侍卫引射熊，取初围获熊兆。甫上马，熊突起，控辔自若，圣祖御枪殪之。

康熙在御舟上喊弘历，本意只是爷孙遥呼相应即可，想不到弘历不假思索，应声从布满岩壁的陡坡连跑带跳地下山，这一来，倒是把康熙吓得不轻，忙不迭叫弘历小心，别摔了。

康熙带着弘历参加木兰秋狝，康熙命令侍卫引着弘历，补射一头已经中箭倒地的熊，本意是想让孙儿讨个大彩头——初围就猎获大熊。弘历刚刚上马，将死之熊却突然立起，作势欲扑。距离太近，坐骑自然受惊，小小年纪的弘历却控辔自若，一点也不惊慌。康熙补枪，击毙大熊，才有惊无险。

一个人，最接近其真实自我的，一个是童年，另一个是晚年。

乾隆的晚年，其第八型人格的核心动机——控制及其自我防御机制“否定作用”，不仅没有得到弱化，反而变为更加僵硬、狭隘和不理性。

乾隆五十七年（1792 年），英国派遣马戛尔尼使团访华，真实目的是与清政府直接谈判，以发展双边对等的外交与贸易往来。

为了彰显英国先进的科学技术，马戛尔尼乘坐英国海军装有64门火炮的“狮子号”军舰，带上各种专业人才，以及最新发明成果……为了炫耀武力，他们还带了榴弹炮、迫击炮、卡宾枪、连发手枪、装备有110门火炮的巨型战舰“君王”号舰艇的模型；甚至还带来了热气球，如果大皇帝有兴趣，完全可以坐着热气球上天转一圈……

马戛尔尼使团此行使命，最终以失败告终。乾隆示意使团应于十月七日离京回国。英使要求举行谈判，暂缓回国，遭到拒绝。

就这样，中国丧失了一次与近代工业文明接触，认识世界，改变封闭状态的良好机遇，进一步走向封闭与内卷，逐渐成为时代的落伍者。

第一责任人，当然是乾隆皇帝。

乾隆皇帝拒绝对话，选择闭关锁国，客观原因固然存在，譬如，居中传达、翻译、沟通、协调的误解误会，自我默认“天朝上国”、西方各国只有朝贡宾服而没有对等外交关系的思维定式……但是，这些都不是决定性的。乾隆不乏聪明也不乏精明，不可能如鸵鸟一般，对于英国明显高出一个维度的工业文明与科技成果视而不见，更不可能完全想不到科技严重落后可能带来的后果。

问题很可能出在英王给乾隆写的那封信。那封信里炫耀武力与恫吓的内容，直接踩了第八型人格的心理“雷区”。

当第八型人格的健康度处于低位时，其对控制的执念会被强化。对于已经控制的，通过指使或否决、恩赐或羞辱，来证明自己的控制；对于尚未控制的，通过暴力加以征服或者毁灭；如果既无法征服，也无法毁灭，就在物理层面与心理层面同时将对象远远地隔离开来，当作不存在——第八型人格的自我防御机制“否定作用”。

虽然在自我防御机制作用下，乾隆屏蔽英国，关闭国门，但第八型人格对力量的本能敏感，让乾隆准确地作出判断——将来，英国会从海上，对中国武装入侵。

果然！半个世纪后，英国人又来了——1840年，英国发动第一次鸦片战争，用坚船利炮打开了中国的大门。百年屈辱的中国近代史，也由此启幕。

九　第九型人格：水

老子思考了一辈子，说：“上善若水！”然后骑牛，出函谷关，不知所终。

刘秀骑牛，随他大哥起兵，用一辈子，诠释什么叫作“上善若水”。

老子

“太上老君急急如律令！”道士升坛做法，末了通常呐喊一声。

这句话的意思是：有急事！需太上老君帮忙！太上老君您要快！快得像律令一样！

律令，是传说中雷部众鬼里跑得最快的一只鬼的名字。东晋干宝在《搜神记》里记载：“律令，周穆王时人，善走，死为雷部之鬼。”明代程登吉在《幼学琼林》里记载：“雷部至捷之鬼曰律令”。

但道士们可能不知道，太上老君最不乐意、也最不习惯的，就是如律令一样。

太上老君，就是神格化的老子。

东汉末年张道陵创立道教，将著有《道德经》的道家创始人老子奉为太上老君。道家另一巨擘庄子，则被奉为南华真人。

《史记·老子韩非列传》记载了孔子问礼于老子：

孔子适周，将问礼于老子。老子曰：“子所言者，其人与骨皆已朽矣，独其言在耳。且君子得其时则驾，不得其时则蓬累而行。吾闻之，良贾深藏若虚，君子盛德，容貌若愚。去子之骄气与多欲，态色与淫志，是皆无益于子之身。吾所以告子，若是而已。”孔子去，谓弟子曰：“鸟，吾知其能飞；鱼，吾知其能游；兽，吾知其能走。走者可以为罔，游者可以为纶，飞者可以为矰。至于龙吾不能知，其乘风云而上天。吾今日见老子，其犹龙邪！”

老子对孔子说的这几句话，并不十分出彩，远没有彰显老子哲学思维的深度与高度。《易经》《论语》《左传》中，并不乏比这精彩的词句。

但孔子私下里对弟子表示了对老子极高的推崇，认为老子神龙见首不见尾，高不可攀，深不可测。何以故？最大的可能是：老子的话，旁人听起来并不出彩，但对于彼时的孔子，可能不啻“于无声处听惊雷”之感。

老子说中了孔子当下所思所想，并且是最佳解，孔子自然惊为天人。

对于自己脚下的路，孔子潜意识里不可能从无犹疑——周室式微、礼崩乐坏已成趋势，自己和弟子们会不会成为不合时宜的“逆行者”呢？

老子这几句话，说到了点子上。

孔子钦佩的，不是老子说的这几句话本身，而是老子何以说这几句话。

第九型人格的注意力焦点是“他人的立场”，直觉类型是“融入”。所以，第九型人格总是容易知道他人内心在想什么。

第二型、第四型、第六型、第七型也有类似禀赋。但各自还是有区别的：第二型通常感知他人的需要，第四型通常感知他人的痛苦，第六型通常感知他人的恐惧与危险，第七型通常感知他人的快乐……第九型则不加选择、不带主观、忠实地加以感知，如同镜子一般。

孔子来找老子，本意是“问礼”，学术探讨。但是，老子认可孔子这个人，却不尽认可他的学术主张。而且，一旦开启学术研讨模式，又岂是三言两语可以究竟的。

老子后来在《道德经》第三十八章里，把孔子信奉的“礼”，放在了最底层：

故失道而后德，失德而后仁，失仁而后义，失义而后礼。夫礼者，忠信之薄，而乱之首。

但老子没有与孔子研讨或辩论“礼”，他告诉孔子，外面的世界如何臧否你，你不必在意，更不必刻意迎合或躲避，只要不违心，该怎样就怎样，最大限度保持你“自己原本的样子”。“自己原本的样子”，即“自然”。《道德经》中的“自然”，与现代汉语中作为形容词与名词的“自然”，含义不完全一样。

顺其自然，道法自然。

老子主张“无为”，目的就是尽可能不破坏天地万物“自然”——“自己原本的样子”。这种主张的内在动机，就是第九型人格追求内心的平和与平静，喜欢事物保持原有状态，不喜欢改变，不喜欢折腾，更不喜欢争战。

很多人解读《道德经》，会认为老子的“无为”太消极。但是，老子的“无为”是相对和随意的。如果绝对而刻意“无为”，则这种“无为”不仅不再是无为，反而是大大的有为。

“无为”与“有为”的边界，在于主客观的权重。老子主张弱化主观，也就是“我执”，不要把自己看得太重要。所以老子要孔子“去骄气与多欲，态色与淫志”。骄气、多欲、态色、淫志，的确是早期孔子可能存在着的缺点。

这里的“淫”，与男女之事无关，指“过多、泛滥”的意思。

老子这些话，直指人心，对症下药。孔子在后来一以贯之地“克己复礼”，其实就是弱化我执、自我祛魅，从而变得更温润可亲、恬淡自然，说明老子的善意提醒，孔子至少是认同的。

个体应当顺从于客观，对于客观的大势，要做的就是两个字：随、顺，所以老子要孔子“得其时则驾，不得其时则蓬累而行”。孔子毕竟是孔子，他不可能完全甘心，于是遂有“匏瓜”之叹。但孔子最终还是“危邦不入，乱邦不居”，契合老子对他的忠告。

随顺时势，第九型人格这一特质的具体表现则是：宿命论，相信定数，相信一切都是最好的安排。在如是人生观的作用下，第九型人格总是给人以神经大条，脾气好，宠辱不惊，同时不紧不慢的慢性子。

人随顺时势，时势又该随顺什么呢？

老子在这里提出了一个观点，这个观点居然跟现代宇宙学中最有影响的一种学说——“大爆炸宇宙论”（The Big Bang Theory），极为契合。《道德经》第二十五章：

有物混成，先天地生。寂兮寥兮，独立不改，周行而不殆，可以为天下母。吾不知其名，强字之曰道，强为之名曰大。

老子不认为天地（宇宙）是终极概念，而是思考天地（宇宙）诞生之前的状况。老子认为天地（宇宙）之前还有某种存在，这种存在才是一切源头或主宰。老子不知道怎样称呼这种存在，勉强命名为“道”。老子认为“道”无处不在，其体现就是万物“自有本来的样子”，即“自然”。《道德经》第二十五章：

人法地，地法天，天法道，道法自然。

特地说明“勉强命名”，是第九型人格不愿意表达自己立场这一特质的体现。所以，《道德经》开篇那句，就不难理解了：

道可道，非常道。名可名，非常名。

第二个“道”，不是“说”和“表述”“阐述”等意思。“道”作为“说”用，始于北宋。

不愿意表达立场，其实是和平主义使然。因为表达立场，难免就会产生纷争。纷争产生，第九型人格最想要的和平与平静，就必定要被破坏。

第九型潜意识里核心欲望就是和平，核心恐惧就是冲突——也就是“争”。

这也是《道德经》里高频率出现“不争”一词，并都予以高度推崇：

不尚贤，使民不争。

上善若水，水善利万物而不争。

夫唯不争，故无尤。

夫唯不争，故天下莫能与之争。

以其不争，故天下莫能与之争。

是谓不争之德，是谓用人之力，是谓配天，古之极。

天之道，不争而善胜。

天之道，利而不害；圣人之道，为而不争。

和平主义往往伴生平均主义。于是老子在《道德经》第五章如是说：

天地不仁，以万物为刍狗；圣人不仁，以百姓为刍狗。

无论是和平主义，还是平均主义，爱，是有问题的。例如，你如果爱羊，可能就会憎恨狼；但当你站到狼的角度，可能就会憎恨猎人……作为和平主义者，最正确的做法就是不偏爱。

不偏爱，看上去就是都不爱，也就是“不仁”，而不偏即是守中。“多言数穷，不如守中！”

老子只是不偏爱，并非枯木寒崖般的无心无爱。他在《道德经》第六十七章里表露无遗：

我有三宝，持而保之：一曰慈，二曰俭，三曰不敢为天下先。

慈，就是大爱。所以，和平主义者老子，反战是旗帜鲜明的，《道德经》第三十一章：

兵者，不祥之器，非君子之器，不得已而用之。

老子是第九型，但第九型不是老子。

老子是具大智慧者，而现实芸芸众生中的第九型人格，体现他们人格类型的心理与言行，更多是自发，而非老子那样的自觉。即使有的第九型人格会检视自我，通常也是知其然，不知其所以然。老子则不一样，他似乎为自己的心理模式与行为模式找到了逻辑层面的动因。

例如，老子不愿意表示立场。原因在于他认为立场是谬误的、靠不住的。任何事物从产生起，就在朝着自己的对立面演变："反者，道之动"，你现在不谬误，可能将来就谬误了。

第九型人格在三大智慧中心中，与第八型、第一型同属于腹区的本能中心。而第九型又处于本能中心的中心位置。本能中心的核心情绪是愤怒，第八型把愤怒外化，从而容易发怒；第一型把愤怒内化，所以一直压抑着愤怒。第九型的自我防御机制是"麻醉作用"，就是通过自我催眠与麻醉，切断内心深处的愤怒，从而显得根本不存在愤怒，第九型人格反倒成为九种人格类型中脾气最好、最具包容性的一个类型。

因为长时间自我麻醉，压抑了自己的愤怒，一般的第九型人格没有太多的欲望，容易知足，并且对欲望、包括过度的进取心持本能的反感。《道德经》第四十六章：

罪莫大于可欲；祸莫大于不知足；咎莫大于欲得。

在亲子教育上，老子的一个观点极具现实借鉴性，《道德经》第十章：

生而不有，为而不恃，长而不宰。

大部分家长有意识无意识地，都把孩子当成自己私有的延伸。自己实现不了的理想，自己想做而做不成的事，自己的经验，自己的三观……恨不得一股脑嫁接给孩子。这样的结果，往往会形成悲剧与伤害。

老子一直把水放在尊崇的位置，认为水"利万物而不争"，"几于道"，理想的状态如果形象化，那就是“上善若水”。

其实，老子援引水来作比喻，的确让人容易理解。例如，人们认为老子消极、被动、缺少激情与力量——可你想象一下洪水、泥石流、海啸……还会这样认为吗？

水，就是随顺大势。其所不争者，大势也！没有形成争的大势时，水平静而温和；但争的大势一旦形成，水还是水，但却已是冲突决荡，一泻千里，天下滔滔，舍我其谁了。

虽然，终其一生，老子都没有遇到把他变成洪水海啸的势，但他其实一点也不消极。第九型人格的成长方向是第三型。性格健康层级高、成长性好的第九型，会具备第三型的一些优点，比如积极、自信、励志，以及目标清晰的方法论。

《道德经》第三十三章，就是非常积极的“成就者”愿景：

知人者智，自知者明。胜人者有力，自胜者强。知足者富，强行者有志，不失其所者久，死而不亡者寿。

老子并不认为成就没有意义，他只是认为成就应该更尊重客观规律，更需要耐心与恒心，循序渐进，积健为雄。

这既是智慧，又具有积极的励志意义。《道德经》第六十四章：

合抱之木，生于毫末；九层之台，起于累土；千里之行，始于足下。

反之，则是朝着正确的愿景，冒进、激进，其结果往往是灾难性的。这种灾难性悲剧，历史上已经多次上演。

所以，有的时候，欲速则不达，不作为，可能就是最正确的作为。通俗地说，就是“不折腾”。越是体量庞大的，越需要慎之又慎。老子作了一个形象的比喻：煎小鱼。煎小鱼是忌讳急忙翻动的，急忙翻动，鱼就碎了。“治大国若烹小鲜。”（《道德经》第六十章）

《道德经》提供了大量目标清晰、实用性强的方法论。这些方法论的源头思想，都没有离开老子的最初主张——“以道驭术”。

有的智慧，出发点是防御，如《道德经》第九章：

持而盈之，不如其已。揣而锐之，不可长保。金玉满堂，莫之能守。富贵而骄，自遗其咎。功成，名遂，身退，天之道。

有的智慧，出发点则是攻击，比如《道德经》第三十六章：

将欲歙之，必固张之；将欲弱之，必固强之；将欲废之，必固兴之；将欲夺之，必固与之。

这其实就是“弹弓效应”，电影《星际穿越》里，宇宙飞船不慎落入黑洞引力圈，黑洞的引力实在太大，宇宙飞船竭尽全力也无法冲出，于是有人提议利用“弹弓效应”，转头朝着黑洞冲去，随顺并借助黑洞引力，获得足够的速度与动能，动力全开，从而成功冲出黑洞。

老子的这些方法论，其实一点也不玄奥。弹弓、弓弩……小朋友都懂得玩，反作用力的原理人们一直也都不陌生。但是，一旦升格到事业、职业、家庭、人际等抽象层面，很多人就毫无借鉴的意识。

老子不太情愿把自己的智慧以文字形式留下，一定程度是因为他对这样的结果有所洞见,《道德经》第七十八章：

天下莫不知，莫能行。

老子很清楚，文字在承载意义的同时，往往也会遮蔽意义。所以,《道德经》末章第八十一章，老子留下一个悖论，透露写《道德经》的矛盾心理：

信言不美，美言不信；善者不辩，辩者不善；知者不博，博者不知。

老子不愿意留下文字，是其智慧的体现，也是他主张“无为”的注脚。

深层动机，则不排除第九型人格不愿意表达立场的心理与行为模式。同时不可否认，其中还隐藏着第九型人格不太好意思的一个特质——懒惰。包括“无为”，一定程度上也有这个意味。

滥用职权、公权私用者，通常是令人痛恨的。但我们还真应该感谢这位滥用职权、公权私用者——函谷关关令尹喜。《史记·老子韩非列传》：

老子修道德，其学以自隐无名为务。居周久之，见周之衰，乃遂去。至关，关令尹喜曰：“子将隐矣，强为我著书。”于是老子乃著书上下篇，言道德之意五千余言而去，莫知其所终。

当初，要不是尹喜利用关令职权，勒住老子，强请他写书，不写就不放他走……那么人类将少了一个何等珍贵的瑰宝——《道德经》。

《道德经》是中国历史上最伟大的名著之一，对传统哲学、科学、政治、宗教等产生了深刻影响，被誉为“万经之王”。

据联合国教科文组织统计,《道德经》是除了《圣经》以外被译成外国文字发布量最多的文化名著。

刘秀

刘秀原本没想过做皇帝。

起心动念，有做皇帝志向的，倒是他的大哥刘縯。《后汉书·光武帝纪上》说刘秀“性勤于稼穑”，刘縯经常调侃刘秀，把刘秀对标刘邦那位勤劳置业的二哥刘仲。刘縯自己又“性刚毅，慷慨有大节。自王莽篡汉，常愤愤，怀复社稷之虑，不事家人居业，倾身破产，交结天下雄俊”(《后汉书·宗室四王三侯列传》)——虽然没有明说，但刘縯显然把自己对标了刘邦。

刘秀勤恳务农，也并非说他的志向就是勤劳致富，求田问舍做个地主富农。从后来的进程看，少年刘秀其实没有什么清晰的人生定位。

但这一次，刘秀的目标非常清晰和具体。

刘秀在长安看到执金吾（官名，负责首都治安）出巡场面，于是叹为观止：“仕宦当作执金吾，娶妻当得阴丽华。”阴丽华，南阳新野人，彼时远近知名的美少女，后果为光武皇后。

王莽篡汉初期，为了笼络刘氏宗室，出台了一些政策，包括符合条件的子弟可以就读太学。刘秀正好符合条件，于是就来到长安，进太学就读。

太学是当时国立最高学府，人才密集。刘秀的太学生涯，对他后来的事业帮助极大。他得力的班子成员，好几个就是他太学同学。

有意思的是，之前还“勤于稼穑”的农人刘秀，突然变得很前卫，以至于现在有人戏说刘秀跟王莽一样，也是穿越者。缘由是刘秀当时就毫无违和感地干起了“大学生创业”。见诸史料的刘秀太学课余经商事迹，至少有两个，均载于《东观汉记》。

卷一记载刘秀与舍友韩子合资，商业模式相当于今天的交通工具租赁：

后之长安，受尚书于中大夫庐江许子威。资用乏，与同舍生韩子合钱买驴，令从者就，以给诸公费。

卷十一记载刘秀与同学朱祜合资，商业模式相当于今天的保健品行业：

上在长安时，尝与祜共买蜜合药。上追念之，赐祜白蜜一石，问：“何如在长安时共买蜜乎？”

朱祜后来追随刘秀，成为东汉开国名将，云台二十八将之一。

云台二十八将之首邓禹，也是刘秀太学同学。“更始立，豪杰多荐举禹，禹不肯从。及闻光武安集河北，即杖策北渡，追及于邺。”(《后汉书·邓禹寇恂列传》)

还有彊华，也是刘秀太学同学，刻苦钻研谶纬之学，后来不远千里献上《赤伏符》，为刘秀称帝提供有力的舆论支撑。

第九型人格是理想的合作者，温和、亲和、宽和、不计较、不着急，面对风险若无其事，面对收益也若无其事。而刘秀身上的第九型人格的特质，以及性格成长方向第三型的优点非常明显。刘秀的几位同学，本身都极优秀，会选择追随刘秀，就是因为刘秀把自己这些特质，深深烙进他们的印象之中。

《东观汉记》是一部记载东汉光武帝至汉灵帝时期的纪传体史书，因官府于东观设馆修史而得名，作者有班固、陈宗、尹敏、孟异、刘珍、李尤等。关于刘秀这篇，执笔者是班固无疑。为什么呢？接下来一句“高材好学，然亦喜游侠，斗鸡走马，具知闾里奸邪，吏治得失”竟然跟《汉书·宣帝纪》中描述汉宣帝刘病已的那一句完全一样。

如果出自他人，就是抄袭；出自本人，则是思维惯性，类似于肌肉记忆。

但这大小也可以算一个乌龙，如果换在乾隆朝，可能就有事了。

班固不负责任地乱写，那是不会的。但一样是少年人好玩，刘秀与刘病已玩的心理与玩的程度，还是不尽相同的——刘病已是自己要玩，刘秀则大概率是被同学拉着一起玩，属于可有可无、跟风随喜的性质。

第九型人格随顺形势、安于现状，这通常看来属于消极被动，而第三型人格遇到问题总是积极主动——消极与积极，被动与主动，奇妙地糅合在刘秀身上。

第九型人格对于自己的立场和目标，经常显得混沌。我们纵览刘秀的人生历程，发现刘秀其实有点“随波逐流”。甚至很多时候，他的积极主动，是消极被动地被情势逼出来的，根本上看，还是消极被动。

例如，最初踏实务农，是情势使然，必须得干。刘家虽是宗室，但经“推恩令”的代代稀释，家产并不殷实，加上大哥刘縯“不事家人居业，倾身破产”，刘秀当然只好“勤于稼穑”——体现刘秀内心平和，不敏感，不虚荣，有责任心。

到长安就读太学，是因为上面的政策，家人肯定也支持，这才脱产深造。

到了太学，与同学合伙买驴出租，买蜜合药……是因为刘秀“资用乏”，正好同学起意，于是一拍即合，说做就做。

后来起事，就更无选择余地：长兄刘𬙂必走这条路，这是无法改变的现实，而刘𬙂一旦发动，刘秀以天然亲缘关系被“捆绑”，没有别的路可走。刘𬙂事败，刘秀及其他家族成员，只有死路一条。

刘秀的人格类型让他随顺形势，而刘秀的聪慧睿智，则让他看得清楚形势。既然形势不可逆，亦不可逃，不如顺势积极。《后汉书·光武帝纪上》：

时伯升已会众起兵。初，诸家子弟恐惧，皆亡逃自匿，曰“伯升杀我”。及见光武绛衣大冠，皆惊曰“谨厚者亦复为之”，乃稍自安。

史料中，侧面之人说出来的侧面之语，通常极具标本价值。惊慌失措、本欲逃命的宗族子弟，看到刘秀劲装结束，诧异说出的那一句“谨厚者亦复为之”，“谨厚”应该是刘秀在族人乡亲眼中的最原始形象。

类似侧面的人说出来侧面的话，比较代表性的还有两次。

一次是新朝地皇四年即更始元年（23 年），中国战史上最经典之一的昆阳之战，面对兵力数十倍于己的敌军，刘秀自作前锋，将步骑千余，列阵挑战。王寻、王邑亦遣兵数千出战。刘秀主动攻击，率兵冲杀，斩首数十级。原本忧惧不安的诸将看了，又惊又喜：“刘将军平生见小敌怯，今见大敌勇，甚可怪也。”（《后汉书·光武帝纪上》）

刘秀见小敌并不是怯，而是小敌“好吃”，大家势必争先恐后，刘秀让给别人，不争。见大敌勇，不同于反六那种豁出去不要命的勇，也不同于第八型那种胆大的勇……而是舍此无他，自然而然。此外就是刘秀知道，此时诸将亟需一针“强心针”。

另一次是汉建武十七年（41 年），天下平定已久，刘秀君临南阳故里，幸章陵，修园庙，祠旧宅，观田庐，大宴诸亲族乡邻，多有赏赐。宗族伯母叔母等酒酣耳热，就说起刘秀小时候：“文叔少时谨信，与人不款曲，唯直柔耳。

今乃能如此！”（《后汉书·光武帝纪下》）

中老年妇女酒后的话，往往直观且客观，可见刘秀小时候踏实、敦厚，不太机变迎合，“直”是直爽简单，“柔”是相让不争，脾气好。

能够自然做到“直柔”，充要条件是潜意识里人设桎梏极轻。唯其如此，才可以让各方面条件其实都不错的刘秀毫无架子脾气，诸事随顺随喜，显得格外大度。这一点，刘秀“骑牛将军”的雅号由来最能说明，《后汉书·光武帝纪上》：

伯升于是招新市、平林兵，与其帅王凤、陈牧西击长聚。光武初骑牛，杀新野尉乃得马。

“绛衣大冠”却骑着牛，这不是一般的违和与滑稽，绝大多数人应该是宁可步行，也不这样糟蹋自己的形象。刘秀却还是若无其事。可以推测，刘秀原本不可能没坐骑，应该是数量不够，让与他人了。没马没关系呀，没马我就骑牛呗，先骑着，有了马，再换呗……一语成谶，这还真像刘秀人生的缩影。

人设桎梏，存在于潜意识中，大部分心理障碍都源于此。不少强者都不知不觉受制于自己的人设桎梏，以至于发出“最大的对手其实是自己”之类的叹息。这里的“自己”，指的其实就是人设桎梏：“因为我是这样的人，我必须如何如何，绝对不可以如何如何……”

但在刘秀身上，人设桎梏作用极轻，很多时候，都处于闲置状态。

第九型人格具有镇静剂或惰性气体一般的能力，很容易让人安静、平和、放松下来，并产生信任。再加上第九型人格的注意力焦点是“他人的立场”，直觉类型是“融入”。所以，第九型人格总是容易知道他人内心在想什么。这一禀赋，一再让刘秀受益。

刘家兄弟的“舂陵兵”人寡力微，刘縯于是联合了绿林军里的新市、平林两支队伍，打了几场胜仗。正欢欣鼓舞之余，却祸起萧墙，差一点遭绿林军突起袭杀。幸亏刘秀提前察觉，及时作为，把大祸消弭于无形。《后汉书·光武帝纪上》：

军中分财物不均，众恚恨，欲反攻诸刘。光武敛宗人所得物，悉以与之，众乃悦。

昆阳之战，难点不在战役本身，而在战役之前。当时，刘秀仅是偏将军，昆阳汉军的军事指挥权在王凤手上。而王凤原本就毫无信心，昆阳被围后，还向新军乞降，被拒绝。当时诸将人心惶惶，思想不统一，有想跑的，有想守的。会议上，刘秀阐述自己主动迎战的观点。刘秀的观点是符合情势的：战，可能还有机会；不战，必定死路一条。诸将们却恼羞成怒，呵斥刘秀：你怎么敢教训我们！

刘秀接下来的反应“微笑而起”，让王夫之赞不绝口,《读通鉴论·光武》：

诸将欲散归诸城，光武决迎敌之志，诸将不从，临敌而挠，倾覆随之。光武心喻其吉凶，而难以晓譬于群劣，则固慨慷以争、痛哭以求必听之时也。乃微笑而起，俟其请而弗迫与之言，万一诸将不再问而遽焉骇散，能弗与之俱糜烂乎？呜呼！此大有为者所以异于一往之气矜者也。

“微笑而起”，不再主动作为，等着你们回头来找我。王夫之担心万一诸将就此跑路，岂不是坏事——其实，刘秀已经洞悉了诸将的心理。

诸将果然回头，促使他们回头的动因，就是刘秀的笑——刘秀奇妙地占领了大家的心智，让大家心甘情愿主动奉上了昆阳汉军的决策指挥权。

刘秀不知道，自己在昆阳一战成名，却为兄长刘縯的生死天平上，加了一个砝码。

刘縯大概率是一个第八型人格，平时磊落大方，气场天然，公开公平，言行直接，少委婉，爱出头，且又欠缺风险意识……刘縯的第八型特质导致了绿林诸将本能的忌惮，于是，把表现谦卑懦弱的刘玄，奉为更始皇帝。

刘縯被任命为大司徒。但因其名气大，战功又不俗，王莽将刘縯视为头号对手，高官厚禄悬赏；绿林军攻不下的郡县，指名刘縯，一书即降；四面八方来投军者，也指名刘縯……典型的木秀于林，功高震主，刘縯成为绿林诸将与刘玄的一块心病，渐有除之而后快之心。

刘秀再一次预知危险，并将危险告诉刘縯，可惜刘縯无动于衷。刘秀更具体地把可能反水并且反噬的李轶点名，劝说刘縯，却依旧不为所动。

昆阳之战后，刘縯、刘秀兄弟威名大盛，绿林诸将与刘玄越发不安，加快谋诛刘縯的行动。

其实，对于杀刘縯，刘玄应该是矛盾的。毕竟是族兄弟，素无仇怨而同门相残，说不过去。但刘玄既不能拂逆绿林诸将，自己私心里也受不了刘縯的声势人气，所以，对于谋诛刘縯，刘玄没有反对。就这样，又一版本“鸿门宴”上演了,《后汉书·宗室四王三侯列传》:

更始君臣不自安，遂共谋诛伯升，乃大会诸将，以成其计。更始取伯升宝剑视之，绣衣御史申屠建随献玉玦，更始竟不能发。及罢会，伯升舅樊宏谓伯升曰:“昔鸿门之会，范增举玦以示项羽。今建此意，得无不善乎?”伯升笑而不应。

刘玄踌躇犹豫的心理，表露无疑。也有另一种可能，刘玄以此警示刘縯，想放刘縯一条生路。

当然，如果仅凭现场刘玄没杀刘縯，并不足以推断刘玄是主观“不杀”，而非心有忌惮而“不敢杀”——根据刘玄后来对刘縯嫡系未作进一步清洗，尤其是对刘秀的态度，前后联系，才作出如是推断。

但即使这么明显的痕迹与信号，刘縯囿于第八型人格的“否定作用”，依旧故我，不做起码的应对防备。

终于，绝佳的“抓手”出现在绿林诸将与刘玄的面前。

刘縯部将兼族亲刘稷，对刘玄当皇帝很有情绪，拒绝接受刘玄任命——这是公然抗旨，处斩是符合法理的。刘縯为救刘稷，出头“固争”，言语声量难免激烈。送上门来的“抓手”，岂能错过，李轶、朱鲔力劝刘玄，处死了刘縯。

刘縯一死，刘秀突然掉入极危险而且极尴尬的处境。

长兄如父，对于童年失怙的刘秀，刘縯无论是伦理上还是心理上，都与父亲无异。杀父之仇不共戴天，这在当时是绝对的主流价值观。刘秀如果不与更始政权决裂，起兵报仇，世人会怎么看他?

决裂起兵，则变成汉军私仇内斗，且自己手下兵力才数千，会不会追随自己反攻更始，还是疑问。直接对决更始，无疑自杀，还落下叛将之名。

本来，这类情况是很好办的：敌我阵营，我阵营既生龃龉，转头投向敌阵营，不仅获得保护，还有高官厚禄，并且可以倒戈反攻，借兵复仇。历史上这类例子不胜枚举：伍子胥、郭药师、吴三桂、施琅……

但刘秀不能！绝对不能——首先，自己是刘氏宗室，毁家纾难的初心，就是反抗王莽篡汉；其次，王莽败亡，已是大势；最后，昆阳之战，王莽集团已对刘秀恨之入骨，急欲杀之解恨是可想而知的。

投靠赤眉之类的其它势力？也是凶险！当时天下不见豪杰明主，所投非人，很容易就被投机者砍下脑袋，作为礼物，献给王莽，或献给刘玄。

不能死。自己死了，大哥刘𬙂就白死了……不仅刘𬙂，还有兵败小长安时殒身的二哥刘仲、二姐刘元。

特别是二姐刘元，那生离死别的刹那，必定成了刘秀深镌胸口永远的痛。《资治通鉴》卷三十八：

时天密雾，汉军大败。秀单马走，遇女弟伯姬，与共骑而奔。前行，复见姊元，趣令上马，元以手挥曰："行矣！不能相救，无为两没也！"会追兵至，元及三女皆死。

"不能相救，无为两没也！"毁家纾难，刘家仨兄弟，只剩自己了。

刘秀做了一个风险极高、事后证明也是收益极高的选择：只身回宛城，向刘玄表明态度。反莽复汉，这是大义也是公义。公大于私，刘秀的行为，也不是没有出发点和落脚点。

在旁人看来，刘秀此行凶险无比。刘玄及绿林诸将随时可以杀掉刘秀。

但刘秀不这么看！刘秀对刘玄的直觉，让刘秀相信，只要自己得体自然，不留"抓手"，刘玄是不会杀他的。

其实，别说刘秀，即使刘𬙂，刘玄也没有杀意，"小鸿门宴"其实就是对刘𬙂明显的放生。只可惜，刘𬙂没有接收刘玄的信号，遑论应对作为。

果然，刘玄不仅没有杀刘秀，还嘉奖刘秀的战功，拜将封侯。

事后证明，刘玄此番是养虎为患，日后又纵虎归山。

刘玄是真的傻，还是懦弱，这么容易就相信了刘秀？更何况，还有李轶、朱鲔。

刘玄是怎样的一个人呢?《后汉书·刘玄刘盆子列传》:

刘玄字圣公，光武族兄也。弟为人所杀，圣公结客欲报之。客犯法，圣公避吏于平林。吏系圣公父子张。圣公诈死，使人持丧归舂陵，吏乃出子张，圣公因自逃匿。

买凶为弟报仇、诈死救父……刘玄也是一个智勇兼具之人。至于李轶、朱鲔，日后刘秀与他们仍有交集，李轶精明小人，朱鲔沉鸷豪杰，没有一盏是省油的灯。

刘玄及李轶、朱鲔等人对刘秀不可能不起疑。而且，那么长的时间里，必定少不了各种试探与考验。刘秀怎么可能仅凭“难交私语，深引过而已，未尝自伐昆阳之功，又不敢为伯升服丧，饮食言笑如平常”就得以取信，并让刘玄“以是惭，拜光武为破虏大将军，封武信侯。”?(《后汉书·光武帝纪上》)

应该还是第九型人格天生的禀赋，再次帮助了刘秀。

历史文献有一个缺陷，主角的头发、眉毛、胡子、额头、鼻子、嘴巴……均不吝笔墨，但就是没有关于主角眼神的描写。我们只能用事件与逻辑，以果推因，通过判断主角的人格类型，进而倒推出主角的眼神特征。

所以，关于刘秀的眼神特征，严格意义上，可以理解成一种假说。

跟昆阳之战前夜一样，刘秀用神情举止，尤其是眼神，让怀疑刘秀的人们，转而怀疑他们自己内心的怀疑，最终自发地选择相信刘秀。

在人格类型的判断中，眼神是一个非常关键的指标。借助眼神对人格类型进行判断，是最可靠的——因为眼睛是心灵的窗户，眼神的伪装，是所有伪装里面难度最大的。

第一型尖锐，第二型温情，第三型热切，第四型忧郁，第五型沉思，第六型戒备，第七型灵动，第八型无畏，第九型的眼神，极为自然、平静、平和，像高原上的一面湖水，很容易让人也跟着平静、平和下来，并且最终选择相信。

但刘玄等还是作了保留，虽拜将封侯，却没再让刘秀带兵参与军事行动，事实上闲置了刘秀。

果然，同年九月，汉军攻入长安，王莽败亡。

刘玄进入长安，大封诸王。作为起兵元老、取得昆阳大捷而且身为刘氏宗室的刘秀，却没有进入封王名单，而是领到一个跑腿的差使：挂个司隶校尉，前往洛阳修整宫府。

这差使之于此时的刘秀，跟之前“绛衣大冠”而骑牛，一个意思。

但刘秀欣然受命，并且不是消极应付仅“修整宫府”，而是把“司隶校尉”的岗位职责，也加以认真积极地履行——“置僚属，作文移，从事司察，一如旧章”。

更始等人进入长安时风纪零乱，令思复汉统的士大夫及百姓大失所望，“及见司隶僚属，皆欢喜不自胜。老吏或垂涕曰：不图今日复见汉官威仪。由是识者皆属心焉。”（《后汉书·光武帝纪上》）

刘玄定都洛阳，对刘秀的前期工作感到满意。这时候天下一片混乱，刘玄派出使者招抚。由于使者德能问题，招抚效果很不理想。

刘秀至关重要的机会，终于来了。

刘玄决定派一位可靠的大将赴河北招抚，大司徒刘赐推荐刘秀。朱鲔思虑深远，反对派出刘秀。刘玄犹豫，但在刘赐劝说之下，最终还是任命刘秀“以破虏将军行大司马事，十月，持节北渡河，镇慰州郡”。（《后汉书·光武帝纪上》）

刘秀获得了两样至关重要的东西，并依托这两样东西，开始真正的自主创业。

这两样东西，一是彻底的人身自由，二是“持节”的那个“节”——代表汉室皇帝，得专封拜的合法授权。

战昆阳与诣宛城，两次置之死地而后生，都是客观情势所迫，不得已而为之。但是第三次，刘秀却是主动冒险，自蹈“死地”。

更始二年（公元 24 年），刘秀发幽州十郡突骑与占据河北州郡的铜马、尤来等农民军激战，迫降了数十万铜马农民军。

彼时，刘秀虽被封萧王，但自身实力与势力，都还没有强到足够君临天下，令遇者望风披靡，降者心悦诚服。农民军之所以投降，不过是迫于眼前形势，并非由衷。所以，稍有风吹草动，随时都可能反复。

刘秀做了一个出乎所有人意料的举动,《后汉书·光武帝纪上》:

降者犹不自安，光武知其意，敕令各归营勒兵，乃自乘轻骑按行部陈。降者更相语曰:“萧王推赤心置人腹中，安得不投死乎！”由是皆服。

成语“推心置腹”，就出处于此。这一批投降部队，后来成为刘秀武装力量的核心。

一个人施施然进入数十万心神不宁的亡命之徒之间，稍稍一点失控，就是万劫不复。这样冒险，有必要吗？问题是，大家以为是冒险的，在直觉类型是“融合”的第九型人格而言，由于早已洞悉大家的心理与情绪，知道危险不存在，遑论冒险！

当然，这也是当时没有办法的办法。三年之后，就不一样了。

建武三年（公元 27 年），十几万饥肠辘辘的赤眉军被围，无奈请降。刘秀受降，下令供给粮食，让赤眉全军饱餐。次日带着樊崇等赤眉将领观看汉军阵列，问樊崇等:“得无悔降乎？朕今遣卿归营勒兵，鸣鼓相攻，决其胜负，不欲强相服也。”(《后汉书·刘玄刘盆子列传》)。樊崇等彻底服了。

刘秀知道樊崇生性骄悍，所以用武力压服。果然，同年夏天，樊崇反复，事败被杀。

刘秀几次接近于完美的表现，都是在绝境、逆境、危险、压力之下。而他的几次败笔，则发生在其顺境之中。

败笔之一是邓奉。

邓奉是刘秀姐夫邓晨之侄。王莽被杀后，天下大乱，邓奉也聚众起兵，占据淯阳。刘秀为避免更始迫害家眷，让妻兄阴识带着阴丽华，举家到邓奉军中寻求保护，邓奉妥善安置并保护了阴氏一家。建武元年（25 年）刘秀称帝后，派人到南阳接阴丽华。邓奉率部加入汉军，作战勇猛，后累功升为破虏将军。建武二年（公元 26 年），南阳董䜣、许邯变乱，刘秀派吴汉等人平乱。吴汉连战连胜，但是纵容部下劫掠，以致民怨沸腾。邓奉正好告假返乡，眼见吴汉军队暴行，大怒，聚集乡民，起兵反抗，击败吴汉，尽获辎重，屯据老根据地淯阳。邓奉陆续击破汉军其他各部，很快就控制了南阳郡的大部分地区。刘秀再派征南大将军岑彭率领朱祐、贾复、耿弇、王常、郭守、刘宏、刘嘉、耿植等八员大将共击邓奉、董䜣、许邯。双方激战于堵乡城下，汉军大败，贾复受伤，朱祐被俘。朱祐和邓奉及其叔邓晨早年相识，因此邓奉没有伤害朱祐，反而待为上宾。

经过这场惨败，汉军的锐气大伤。岑彭与邓奉在南阳郡境内苦战七个月，不能取胜。直到建武三年（公元27年），刘秀亲率主力征讨，邓奉最终战败投降。

邓奉起兵的原因是吴汉纵兵劫掠，此外，邓奉曾经保护阴丽华一家，于刘秀有恩，又是姐夫邓晨的侄子，所以，刘秀想赦免邓奉。但在邓奉手上吃足苦头、丢尽面子的诸将心有不甘，以岑彭和耿弇为代表，劝谏刘秀杀一儆百。最终，刘秀只好下令诛杀邓奉。

战斗力是比较出来的，邓奉的战斗力明显远胜诸将。如果没有这起意外，邓奉不反、不死，那后面的征战，汉军必然得力不少。

事前没有严格军纪约束，事中没有积极斡旋争取，事后没有严肃追究吴汉责任。变故巨大，代价惨重，刘秀自己应该负很大责任。

刘秀对吴汉过宽，最终酿成更大的破坏。建武十二年（公元36年）吴汉平蜀，在成都已经主动开城投降的情况下，吴汉却依旧纵兵大掠，族灭公孙述、延岑家族，烧毁宫室，残杀百姓。

吴汉自无所谓，历史舆论是把这笔帐记在刘秀头上，成为少有的一大污点。

败笔之二是庞萌。

刘秀有见于记载唯一的一次恼羞成怒，就是因为庞萌。

恼羞成怒是因为刘秀原本对庞萌非常看重和信任，经常对人说："可以托六尺之孤，寄百里之命者，庞萌是也！"（《资治通鉴》卷四一）

第九型人格看人，极少走眼。庞萌能得到刘秀称许，确有高尚之处，《太平御览》卷三七八：

庞萌字明。兄为赤眉所得，欲啖之，萌诣贼，叩头言："兄年老羸瘠，不如萌肥健，愿代兄。"贼义而不啖。

庞萌为人谦逊低调，大概率也是一个第六型，健康度不高，故内心犹疑不安，极不自信，也不相信他人。而第六型的自我防御机制"投射作用"的直接产品，就是杯弓蛇影。

庞萌原是更始政权任命的冀州牧，后归降刘秀。刘秀相信庞萌，庞萌却一直没有完全相信刘秀。恰好建武五年（公元 29 年），一个不大不小的差错，成为事变的导火索。

刘秀任命庞萌为平狄将军，派他和盖延共同攻打董宪。但不知怎么，刘秀的诏书只颁给盖延，而没有颁给庞萌。庞萌起了疑心，认为是盖延在刘秀面前说了自己的坏话。"投射作用"通常是把负面可能无限放大，庞萌自己胡思乱想，甚至怀疑刘秀暗中授意盖延，利用这次军事行动，伺机除掉自己。

于是，庞萌先发制人，袭击盖延，临阵倒戈，转头与董宪联手。

被打了脸的刘秀，反应难得的激烈，《后汉书·王刘张李彭卢列传》：

帝闻之，大怒，乃自将讨萌。与诸将书曰："吾常以庞萌社稷之臣，将军得无笑其言乎？老贼当族。其各厉兵马，会睢阳！"

刘秀的恼羞成怒也从侧面反证，刘秀是真心信任庞萌的，庞萌纯粹是自己想太多了。

虽然问题在庞萌，但刘秀治下不严谨，诏书漏发，不能说没有责任。

败笔之三是彭宠。

彭宠原是更始政权任命的渔阳太守，转投刘秀，出将出兵出钱粮，参与平定"王郎之乱"和河北地区。吴汉、王梁原本都是彭宠派出的部将。后来，彭宠不满于待遇，心怀怨望，起兵反叛，自称燕王，勾结匈奴，刘秀派兵讨伐。建武五年（公元 29 年），彭宠被家奴杀死。

彭宠之反，如果不是刘秀的消极与忽视，原本大概率可以避免的。《后汉书·王刘张李彭卢列传》：

宠上谒，自负其功，意望甚高，光武接之不能满，以此怀不平。光武知之，以问幽州牧朱浮。浮对曰："前吴汉北发兵时，大王遗宠以所服剑，又倚以为北道主人。宠谓至当迎阁握手，交欢并坐。今既不然，所以失望。"浮因曰："王莽为宰衡时，甄丰旦夕入谋议，时人语曰：'夜半客，甄长伯。'及莽篡位后，丰意不平，卒以诛死。"光武大笑，以为不至于此。

对于这件事，王夫之是各打五十大板，认为彭宠当初投机，而刘秀则刻薄寡恩。

事实上，刘秀这样对彭宠，恰恰体现刘秀对彭宠内心立场的洞悉，以及刘秀对公平、公正的在意。

彭宠派出吴汉等人，如果事败，则及时切割干系，火不烧身；事成，则坐享其成。吴汉、耿弇等人不一样，是把身家性命押上，且全程征战，出生入死，投入与回报，自然应当对等，方才公平。

彭宠以为上谷太守耿况跟他"同病相怜"，于是积极策反耿况。问题是，耿况的情况，表面上看起来跟彭宠是很雷同，也是出将出兵出钱粮，自己坐在家里，后面待遇反不如派出者——问题是，耿况派出的是亲生儿子，担当的风险不可同日而语。而且，刘秀对耿弇待遇越好，耿况只会越欣慰，哪会有不平衡呢。

彭宠派去的使者，自然全部被耿况斩杀。

彭宠之反，原本可以避免。刘秀热情一点、积极一点即可。而刘秀没有。这算是第九型负面效应的一个例证，同时也露出刘秀的"翅膀"——偏八侧翼。

败笔之四是隗嚣。

刘秀对隗嚣的招抚，就非常失败。而隗嚣原本决定归汉，将儿子送到洛阳，等于一只脚都已迈进刘秀朝堂，《后汉书·隗嚣公孙述列传》：

嚣既有功于汉，又受邓禹爵，署其腹心，议者多劝通使京师。三年，嚣乃上书诣阙。光武素闻其风声，报以殊礼，言称字，用敌国之仪，所以慰藉之良厚。

招抚最终失败。至于失败的缘由，王夫之认为是刘秀对隗嚣太过礼敬："光武报隗嚣书，称字以与颉颃，用敌国礼，失御嚣之道矣，是以失嚣"。(《读

通鉴论·光武》）

第九型的核心精神就是和平主义——和，而且平！体现在人际关系上，就是随和，极少高人一等的霸气与架子。刘秀凭借这种人格魅力，吸引了不少人才，马援就是典型——当时刘秀与公孙述都争取隗嚣，隗嚣派马援考查两者。公孙述与马援原本是故旧，却摆足架子；刘秀与马援素昧平生，却随和朴实。马援心理天平立即倾向刘秀。

刘秀对隗嚣的尊重，也是由衷的。“及更始败，三辅耆老士大夫皆奔归嚣”（《后汉书·隗嚣公孙述列传》），可见，最具长者气象的隗嚣，确有值得刘秀敬重的资本。

更深层的因素是，第九型的成长方向是第三型，在顺境和安全的状态下，第九型会自发而非自觉地呈现第三型的主动、积极与热切等特质。从刘秀写给隗嚣的亲笔信，可以看出刘秀的文采，以及热切态度，《后汉书·隗嚣公孙述列传》：

慕乐德义，思相结纳。昔文王三分，犹服事殷。但驽马铅刀，不可强扶。数蒙伯乐一顾之价，而苍蝇之飞，不过数步，即托骥尾，得以绝群。隔于盗贼，声问不数。将军操执款款，扶倾救危，南距公孙之兵，北御羌胡之乱，是以冯异西征，得以数千百人踯躅三辅。微将军之助，则咸阳已为他人禽矣。今关东寇贼，往往屯聚，志务广远，多所不暇，未能观兵成都，与子阳角力。如令子阳到汉中、三辅，愿因将军兵马，鼓旗相当。傥肯如言，蒙天之福，即智士计功割地之秋也。管仲曰：“生我者父母，成我者鲍子。”自今以后，手书相闻，勿用傍人解构之言。

但是，隗嚣最终还是选择公孙述，而不是刘秀。

汉军大举进攻，隗嚣不敌，于是遣王元入蜀求救，自将家人部属退守西城与上邽。刘秀发最后通牒，隗嚣还是不降。被汉军数月围攻，眼见山穷水尽之时，王元带蜀救兵赶到。汉军惊疑，且粮草将尽，只得退兵。安定、北地、天水、陇西等地复反归于隗嚣。

山穷水尽的难关，终于渡过，柳暗花明的明天，却没再到来。隗嚣之死，非常凄凉：“九年春，嚣病且饿，出城餐糗精，恚愤而死”。（《后汉书·隗嚣公

孙述列传》)

隗嚣当时依旧掌控地方军政，只要他愿意，可以任意掠夺百姓，日常享受绝对不会成为问题，怎么可能会到“病且饿，出城餐糗糒”的地步呢？而且是“恚愤而死”，说明隗嚣有着极强的道德感与责任感。

隗嚣应该是一个第六型人格。第六型人格习惯疑惧，对于顺境，总是下意识心怀警觉。刘秀的礼敬，营造出一个形势大好的顺境。这对其他人格类型，可能是蜜糖，但对第六型人格，反而成了砒霜。

巧的是，隗嚣曾经因警觉而逃过更始的杀局，而更始当时也是对隗嚣十分礼敬。隗嚣并不会因为更始这样套路过他，就不再相信刘秀，而是隗嚣自身的心理模式使然。

如果把刘秀对隗嚣的最后通牒，调换来用，替代最初那封信，隗嚣说不定就降了。最后通牒原文如下,《后汉书·隗嚣公孙述列传》:

昔柴将军与韩信书云:‘陛下宽仁，诸侯虽有亡叛而后归，辄复位号，不诛也。’以嚣文吏，晓义理，故复赐书。深言则似不逊，略言则事不决。今若束手，复遣恂弟归阙庭者，则爵禄获全，有浩大之福矣。吾年垂四十，在兵中十岁，厌浮语虚辞。即不欲，勿报。

这封信很不客气——不客气就对了！最初那封信为什么洋洋洒洒、客客气气呢？因为顺境之下的刘秀，带上了第三型的特质，积极、主动、热切，以及些许无意识作秀。

第六型的隗嚣，潜意识里需要一个权威以归附之，恰恰刘秀完全不以权威自恃，再加上一些客观意外，两下遂成绝缘。

这封最后通牒是在双方已经交兵，隗嚣还称臣上书、解释推诿情况下的回信。事实上,“武统”早已成为刘秀既定方针，所以军事上一以贯之，马不停蹄，丝毫不为所动。

因为客观上的两次意外，让刘秀相信他与隗嚣的关系必不得善终。

隗嚣派遣周游拜谒刘秀，半途意外被仇家所杀；刘秀派遣铫期，带着珍宝缯帛，慰问隗嚣，却在郑州失窃，赏赐给隗嚣的财物全部丢失。刘秀在感叹“吾与隗嚣事欲不谐，使来见杀，得赐道亡”时，内心已有决定。

第九型人格是最坚定的宿命论者，相信定数。而对定数的判断，只能依靠征兆谶纬。

在“九型人格”的学与用中，往往对成长与凋零有着误解。成长与凋零（也称“整合与解离”），存在自发和自觉的区别。严格意义上的成长，是自觉的，是有意识的。而在顺境、安全、放松、无压力状态下呈现出成长方向人格类型的一些特质，是自发的，是无意识的，就不能称为成长。

这种自我放松式“成长”，其本人是舒适愉悦的，但对于其事业，对于其团队，却可能带来负面作用。

虽然有败笔，但瑕不掩瑜，刘秀是中国历史上性格健康度最高、缺点与污点最少的皇帝，同时也是最可爱的皇帝之一。

刘邦与刘贺也很可爱。但刘邦可爱而不可亲，刘贺可爱却不成事，刘秀则是可爱、可亲，还能成事。

刘秀的可亲，主要在于他的幽默感。刘秀极具幽默感——难得的是，刘秀的幽默感非常自然，随口而出，却与情境浑然天成，而非刻意或表演式幽默。《后汉书·李王邓来列传》：

光武尝与兄伯升及晨俱之宛，与穰人蔡少公等宴语。少公颇学图谶，言刘秀当为天子。或曰：“是国师公刘秀乎？”光武戏曰：“何用知非仆耶？”坐者皆大笑。

当时刘秀还是小年轻，一介平民，跟着大哥与姐夫。而大家话题里的刘秀，默认另有其人，指的是刘歆。刘歆是西汉经学家，汉哀帝时改名刘秀，交好王莽，历任骑都尉、奉车都尉、光禄大夫、太中大夫等，又号国师公，显赫一时。所以大家探讨图谶时，刘秀才敢说，怎么知道不是小子我呢？现场也才会哄堂大笑。

等刘秀做了皇帝，这也就成了一个有趣的梗，《后汉书·李王邓来列传》：

建武三年，征晨还京师，数宴见，说故旧平生为欢。晨从容谓帝曰：“仆竟办之。”帝大笑。

刘秀既能幽默也喜欢幽默，哪怕在战场上遇险，孤身跳崖逃生，第一件事也是先展现他的幽默。《后汉书·光武帝纪上》：

光武北击尤来、大抢、五幡于元氏，追至右北平，连破之。又战于顺水北，乘胜轻进，反为所败。贼追急，短兵接，光武自投高岸，遇突骑王丰，下马授光武，光武抚其肩而上，顾笑谓耿弇曰："几为虏嗤。"

可以说胆略过人，也可以说第九型人格的神经大条，没心没肺。

第九型人格只是显得没心没肺，其实，内心感情世界还是一样的，独处时念及至亲逝者，也伤心落泪。"自伯升之败，光武不敢显其悲戚，每独居，辄不御酒肉，枕席有涕泣处。"（《后汉书·冯岑贾列传》）

幽默感十足的刘秀，对同学故旧几乎都是迎头打趣。对于不愿当官的老同学严光，就直接动上手了。《后汉书·逸民列传》：

帝笑曰："狂奴故态也。"车驾即日幸其馆。光卧不起，帝即其卧所，抚光腹曰："咄咄子陵，不可相助为理邪？"

皇帝直接跑进严光卧室，摸老同学的肚子。估计在太学时，他们就经常这样打闹嬉戏。

严光跟刘秀回皇宫，聊了一整天。当晚一起睡，严光睡相不好，把脚架在刘秀肚子上。次日，负责星相天文的官员上奏，说夜观天象，发现客星犯御座甚急，是不是出什么事了。刘秀笑着说："朕故人严子陵共卧耳。"

从言行志向可以看出，严光秉持的是老子出世无为的思想，对老子学说必定深有心得。老子的思想恰好与刘秀的人格类型高度契合，对于治理当时大乱初定的天下，也高度契合。两个极具智慧的老同学同宿，绝非仅仅拉家常睡觉，必定深度交流了"治大国若烹小鲜"的道与术。刘秀的一些治国理念，获得了启发、验证甚至修正。

严光表面上未为刘秀所用，但实际上，是无用之大用。

建武二十七年（51年），匈奴发生瘟疫和蝗灾，臧宫、马武上书刘秀，觉得机不可失、时不再来，建议趁机进攻，一举奠定"万世刻石之功"。刘秀诏复，《后汉书·吴盖陈臧列传》：

"《黄石公记》曰：'柔能制刚，弱能制强。舍近谋远者，劳而无功；舍远谋近者，逸而有终。故曰：务广地者荒，务广德者强，有其有者安，贪人有者残。残灭之政，虽成必败。’今国无善政，灾变不息，百姓惊惶，人不自保，而复欲远事边外乎！孔子曰：‘吾恐季孙之忧不在颛臾。’且北狄尚强，而屯田警备，传闻之事，恒多失实。诚能举天下之半以灭大寇，岂非至愿！苟非其时，不如息民。”

字里行间，与老子的《道德经》，何等契合。